La vida en una repisa

EDICIONES UNIVERSIDAD CATÓLICA DE CHILE
Vicerrectoría de Comunicaciones y Extensión Cultural
Av. Libertador Bernardo O'Higgins 390, Santiago, Chile

editorialedicionesuc@uc.cl
www.ediciones.uc.cl

LA VIDA EN UNA REPISA
Grandes personajes y la lectura

ALEX JOHNSON

First published by The British Library 2018
Copyright © 2018 Alex Johnson
Inscripción N° 2021-A-558
Derechos reservados
Diciembre 2021
ISBN 978-956-14-2768-6
ISBN digital 978-956-14-2769-3

Traducción: English UC Language Center
Imagen de portada: pexels.com/Pixabay
Diseño y diagramación: versión productora gráfica SpA

CIP – Pontificia Universidad Católica de Chile

Johnson, Alex, 1969-, autor.
La vida en una repisa : grandes personajes y la lectura / Alex
Johnson.

1. Libros y lectura – Aspectos sociales.
I. t.
II. Shelf life : writers on books and Reading. Español.

2021   306.4 + DDC23   RDA

Alex Johnson

La vida en una repisa

Grandes personajes y la lectura

BRITISH LIBRARY

EDICIONES UC

CONTENIDO

Los usos de la lectura
Rudyard Kipling (1912)
Por qué los libros son necesarios para llevar una buena

Sobre los libros y la lectura
Arthur Schopenhauer (1851)

Sobre los libros y cómo conservarlos
W.E. Gladstone (1890)
Consejo de un primer ministro sobre cómo almacenar

Sobre los estudios
Francis Bacon (1601)
Explicación de las maneras en que los libros perfilan al

Sobre la destrucción de libros
J.C. Squire (1919)

INTRODUCCIÓN

Nos estamos rodeando cada vez más de aficionados a la lectura. Podemos quedarnos en hoteles con temáticas de libros en todo el mundo, tumbarnos en sillones con libreros empotrados en casa y dirigir nuestra propia librería Airbnb en Escocia durante una semana. Y no me refiero solamente a los libros. Ahora hay todo un estilo de vida literario disponible a pedido. Usted puede decorar su sala de estar con papel mural que imita una biblioteca. Puede rebanar sus zanahorias en las tablas de picar con forma de libro de Romeo & Julienne. Puede empaparse de la fragancia "Sr. Darcy". Puede tatuarse temporalmente frases literarias ("¡Después de todo, creo que no existe ningún otro placer como leer!"). Puede comprar una cortina de baño que se asemeje a la puerta principal de la casa de Bilbo Bolsón.

Si bien contamos con la tecnología que nos permite llevar una biblioteca completa casi sin peso en nuestros bolsos, el goce de la bibliomanía no es nada nuevo. Los escritos que hemos reunido en la edición que tienes en tus manos revelan las reflexiones de algunos de los gigantes del mundo de la literatura sobre los libros y la lectura en los últimos 400 años.

Nuestro interés en los libros sobre libros y en los escritores que reflexionan sobre la escritura es insaciable y muchos lectores ya estarán familiarizados con la venta de libros (Orwell), con el saber leer (Woolf) y con el fin de los libros (Eco). Las reflexiones de las siguientes páginas nos guían y nos muestran entre bastidores la palabra escrita. Revelan los detalles esenciales de los libros de la misma manera que los rumores diarios de traspasos de futbolistas complementan la dieta de los fanáticos de este deporte o que los extras de la filmación de la película en DVD satisfacen a los cinéfilos.

Así que prepárate para leer a un primer ministro icónico referirse a la mejor manera de almacenar tus libros y a un ilustre presidente de los Estados Unidos reflexionar sobre lo que hay que leer al aire libre. Luego, disfruta de las especulaciones sobre las implicancias psicológicas de la lectura de un filósofo del siglo XIX, y de las especulaciones sobre los problemas de deshacerse de volúmenes no deseados de uno de los jugadores de críquet más famosos del mundo. Estos ensayos y comentarios, y también uno o dos de los escritores, han caído en el olvido en su mayoría y de manera injusta, pero ciertamente no han pasado su fecha de caducidad y merecen una vida útil lo más larga posible.

Los niños son, por lejos, más destructivos que las niñas

Los enemigos de los libros

WILLIAM BLADES

Los libros son frágiles. En su larga lista de peligros para la conservación de los libros en 1880, William Blades, impresor, escritor y coleccionista de libros del siglo XIX, advierte enérgicamente y con considerable detalle sobre el fuego, el agua, el gas, el calor –incluido el uso de libros para hornear pasteles– el polvo, el abandono, la ignorancia, los ratones de biblioteca y otras plagas, los encuadernadores, los bibliófilos y los niños. El extracto a continuación aborda sus reflexiones sobre la amenaza que los niños representan como posibles "biblioclastas" o destructores de libros. "Bien mirado, la posesión de todo libro antiguo es una encomienda sagrada, de tal suerte que cualquier propietario consciente de lo que tiene, o cualquier custodio, debería pensar que ignorar su responsabilidad en la materia es igual que para un padre dejar de atender a su hijo", dice. La sección sobre gusanos de biblioteca es especialmente intrigante, ya que Blades cuenta cómo un encuadernador de Northampton le envió un gusano bien gordo al que alimentó con trocitos de papel de Consolación de la filosofía *de Boecio, de la imprenta de William Caxton, hasta que se fue debilitando poco a poco y murió ("ya fuese porque había demasiado aire puro, por la desacostumbrada libertad o por el cambio de alimentación"). De hecho, además de su interés en la biblioclastia, Blades analizó las obras del famoso impresor en su libro* Life and Typography of William Caxton, England's First Printer *(1861-63). Después de su muerte en 1890, su impresionante biblioteca privada fue comprada por el centro cultural de la Fundación St. Bride en Londres, que la utilizó para formar su propia biblioteca.*

A los niños, con toda su inocencia, a menudo se les culpa de ser destructores de libros. Debo confesar que una vez destruí el libro *History of Writing* de Humphreys, que contenía muchas ilustraciones de colores brillantes, solo para animar a una hija enferma. El objetivo ciertamente se cumplió, pero las consecuencias de tan mal precedente fueron desastrosas. Esa copia (que, me complace decir, pudo reemplazarse con facilidad), a pesar de obtener un gran cuidado de mi parte, se ensució y se rasgó, y finalmente llegó a los brazos del martirio de un jardín infantil. ¿Me arrepiento? Por cierto que no, porque, aunque es un pecado desde el punto de vista bibliográfico, ¿quién puede sopesar la cantidad de placer real recibido y el dolor real ignorado por el paciente en la contemplación de esos colores tan bellamente mezclados?

Hace unos años, un vecino mío sufrió muchísimo por el hábito, aparentemente irrefrenable, de una de sus hijas por romper los libros de su biblioteca. Tenía seis años, se dirigía a una repisa con toda tranquilidad y tomaba uno o dos libros, y luego de cortar una docena de hojas por la mitad, regresaba los volúmenes, pedazos y todo, y el daño ocasionado solo se descubría cuando alguien quería usarlos. La reprimenda, los reparos e incluso el castigo no sirvieron de nada; pero tan solo un "golpecito" sirvió para curar ese hábito.

Sin embargo, los niños son mucho más destructivos que las niñas y, naturalmente, no tienen respeto por la edad, ya sea de los hombres o de los libros. ¿Quién no teme a un escolar con su primera navaja? Tal como Wordsworth nos lo dijo:

> "A menudo puedes descubrirlo
> Por las cicatrices que ha dejado su actividad
> Sobre nuestras repisas y volúmenes….
> Aquel que con navaja cortará el filo
> Del panel sin suerte o del libro prominente,
> Despegando con un golpe una etiqueta por aquí, una franja por allá".

Excursion III, 83.

También están satisfechos cuando, si acaso, con la boca llena de caramelos y dedos pegajosos, pueden sacar y dejar los libros en las repisas inferiores, sin saber el daño y el dolor que causarán. Uno podría gritar, pidiendo a La Sombra de Horacio que perdone la pronunciación defectuosa...

"Magna movet stomacho fastidia, si puer unctis Tractavit volumen manibus".[1]

Sat. IV.

Lo que los niños *pueden* hacer se ha de saber con la siguiente historia verídica que me compartió un corresponsal, quien fue la víctima inmediata:

Un día de verano se encontró a un conocido en la ciudad que durante muchos años había estado en el extranjero y, al darse cuenta de que su gusto por los libros antiguos era más grande que nunca, lo invitó a su casa para que se alimentara mentalmente de libros impresos en el siglo XV y otras exquisiteces bibliográficas, antes de disfrutar de los placeres más primordiales. El "hogar" era una antigua mansión en las afueras de Londres, cuya arquitectura misma sugería letras negras y piel de oveja. El clima, ¡ay! estaba lluvioso y, cuando se acercaban a la casa, fuertes carcajadas llegaron a sus oídos. Los niños celebraban un cumpleaños con algunos amigos. La humedad anuló toda entretención al aire libre y, habiendo quedado solos durante mucho tiempo, invadieron la biblioteca. Fue justo después de la Batalla de Balaclava, y el heroísmo de los combatientes en ese campo tan reñido quedó en boca de todos. Así que los traviesos diablillos se dividieron en dos campos opuestos: británicos y rusos. La división rusa estaba justo dentro de la puerta,

---

[1] "Retuerce el estómago con gran disgusto que un niño tome los libros con manos aceitosas".

detrás de las murallas formadas por viejos folios y cuartillas tomados de las repisas inferiores y apilados a un metro de altura. Era un muro de viejos padres, crónicas del siglo XV, historias del condado, Chaucer, Lydgate y otros. A pocos metros de allí estaban los británicos, provistos de montones de pequeños libros que simulaban misiles, con los cuales mantuvieron una escaramuza en contra del enemigo. ¡Imaginen la escena! Dos caballeros de edad avanzada, padres de familia, entran apresuradamente recibiendo, sin querer, la primera edición de *El paraíso perdido* en la boca de su estómago, y su amigo escapando apenas de un combatiente con una cuartilla de *Hamlet* más cerca que nunca antes. Escena final: gran estallido de ira y rápida retirada de los combatientes, quedando muchos heridos (volúmenes) en el campo.

Desembalando mi biblioteca

WALTER BENJAMIN

Muchos lectores también son coleccionistas, críticos culturales y el ensayista alemán Walter Benjamin (1892-1940) toma esto como tema de su encantador ensayo, "Desembalando mi biblioteca: Un discurso sobre el coleccionismo" (1931). Su enfoque central es la relación entre las personas y sus libros, el placer de redescubrir los títulos olvidados después de dos años, y la forma en que brindan vínculos con personas, lugares y situaciones. Sin dar ningún tipo de lista de lo que realmente está desembalando (al final del ensayo, todavía le queda media caja por desempacar), Benjamin analiza el hecho de adquirir libros (escribiendo, pidiendo prestado o comprando), la importancia de sus antiguos dueños, la artesanía de la producción de libros y las emociones que generan los libros. Aunque muchas personas nunca leen los libros de su biblioteca, todo esto se suma a lo que él ve como una "enciclopedia mágica", una colección que cuenta la historia de la vida del individuo. Gran parte del resto del trabajo de Benjamin se centra en el arte y la literatura, y su ensayo anterior "La tarea del traductor" (1921) refleja su interés por la traducción como forma de arte (tradujo a Baudelaire y a Proust). Se suicidó en 1940 cuando huía de los nazis.

Sí, desembalo mi biblioteca. Aún no está en las estanterías, aún no la envuelve el tedio tapizado del orden. Tampoco puedo, todavía, recorrer sus estanterías pasándoles revista ante un auditorio complaciente. No teman nada de eso. Solo puedo rogarles que me acompañen al desorden de cajas recién desclavadas, la atmósfera en la que flota un polvillo de madera, el suelo cubierto de papeles rotos, entre pilas de volúmenes recién vueltos a la luz del día tras dos años de tinieblas, para así compartir en parte no ya la melancolía sino la tensión que los libros despiertan en el alma de un verdadero coleccionista. Pues es un coleccionista quien les habla, y a fin de cuentas no habla más que de sí mismo. ¿No sería quizá demasiado pretencioso reclamar una apariencia de objetividad e imparcialidad para detallarles las obras maestras o las principales secciones de una biblioteca, contarles su historia, por no decir su utilidad para el escritor? En lo que a mí concierne, me propongo, en las líneas que siguen, algo más evidente, más palpable: lo que me interesa es mostrarles la relación de un coleccionista con el conjunto de sus objetos; lo que puede ser la actividad de coleccionar, más que la colección misma. Que para ello considere las diferentes maneras de colocar los libros, no deja de ser arbitrario. Este orden, como cualquier otro, no es más que un dique contra la marea de recuerdos que, en continuo oleaje, se abate sobre cualquier coleccionista que se abandone a sus gustos. Si es cierto que toda pasión linda con el caos, la del coleccionista roza el caos de los recuerdos. Diré más: el desorden ya habitual de estos libros dispersos subraya la presencia del azar y el destino, haciendo revivir los colores del pasado. Pues una colección, ¿qué es sino un desorden tan familiar que adquiere así la apariencia del orden? Ustedes deben haber oído hablar de personas enfermas por haber perdido sus libros, o de otras que llegaron al crimen para conseguirlos. A este respecto, precisamente, cualquier orden está al borde del abismo. "La única ciencia exacta –ha dicho Anatole France– es la de conocer el año de publicación y el formato del libro". En efecto, el remedio al desorden de una biblioteca es el rigor de su catálogo.

La existencia del coleccionista, así pues, oscila dialécticamente entre los polos del orden y el desorden. Y también se encuentra, naturalmente, vinculada a bastantes otras cosas más. Tiene una relación muy enigmática con la posesión, sobre la que volveremos. Es más: tiene una relación con los objetos en la que no pone de relieve su valor funcional –su utilidad–, ni su destino práctico, sino que los considera y los valora como la escena, el teatro de su destino. El coleccionista se extasía, y en ello encuentra su mayor placer, rodeando con un círculo mágico al objeto que, aún marcado por el estremecimiento que acompañó el momento de su adquisición, queda fijado de este modo.

Cualquier recuerdo, cualquier pensamiento, cualquier reflexión pasa a ser a partir de ahora el pedestal, la base, el marco, la señal de la apropiación del objeto. Para un auténtico coleccionista, las diferentes procedencias de cada una de sus adquisiciones –siglos, territorios, cuerpos profesionales, propietarios anteriores– se funden todas en una enciclopedia maravillosa que teje su destino. Desde este particular punto de vista, es posible adivinar en los grandes fisonomistas –y los coleccionistas son los fisonomistas del mundo de los objetos– características de descifradores del destino. Basta observar a un coleccionista cuando manipula los objetos de su vitrina. Apenas los tiene en sus manos, su mirada los trasciende y mira más allá de ellos. En lo que se refiere al aspecto mágico del coleccionista, podríamos decir su carácter de anciano. *Habent sua fata libelli*[2]: esta máxima debió concebirse como una generalidad sobre los libros.

Los libros, por ejemplo, *La divina comedia*, o la *Ética* de Spinoza, o *El origen de las especies*, tienen su propio destino. Pero el coleccionista interpreta de otro modo este proverbio latino. Para él, no son tanto los libros como sus ejemplares quienes tienen un destino.

---

[2] "Los libros tienen su propio destino". Es parte de la frase *Pro captu lectoris habent sua fata libelli*, que establece que el destino de los libros depende de la capacidad del lector.

Y considera que el destino esencial de cada ejemplar se realiza solo cuando le encuentra a él y a su propia colección. No exagero: para el coleccionista auténtico, adquirir un libro significa hacerlo renacer. De este modo, reúne en sí al niño y al viejo. Pues los niños pueden recrear la existencia a su gusto, de múltiples maneras y sin embarazo alguno.

Para ellos, coleccionar es solo una manera de recrear entre otros, como pintar, recortar, o calcar, y así hasta completar la gama infantil de modos de apropiación, de la aprehensión de los objetos hasta que son etiquetados. En el deseo del coleccionista por la novedad, el impulso más profundo que le mueve es el de revivir el pasado: el amor por los libros viejos orienta al coleccionista seguramente más que el gusto por las reimpresiones propio del bibliófilo. De qué modo los libros cruzan el umbral de una colección, de qué modo se convierten en propiedad de un coleccionista, a esto se resume la historia de su adquisición.

De todos los modos de procurarse libros, el más glorioso es escribirlos uno mismo. Más de uno de ustedes recordará con agrado la gran biblioteca que el pobre maestrito de escuela de Jean Paul, Wuz, logró reunir con el tiempo escribiendo para sí, ya que no podía comprarlas, todas aquellas obras cuyo título en los catálogos le interesaba. A decir verdad, los escritores son personas que escriben impulsados no ya por la carencia sino por la insatisfacción de los libros que puede comprar pero que no les gustan. Seguramente ustedes, señoras y señores, dirán que esta es una definición exagerada de los escritores; pero todo lo que se dice desde el punto de vista de un verdadero coleccionista es una exageración. De entre los modos de adquisición habituales, el más apropiado sería, para él, el préstamo indefinido. El deudor de altos vuelos, tal como lo imaginamos, demuestra ser un coleccionista a toda prueba, no solo por el ardor con que defiende el tesoro de sus préstamos acumulados haciendo oídos sordos a todos los rutinarios requerimientos de la administración, sino también y, sobre todo, porque no lee. De creer en mi experiencia, que semejante devuelva un libro prestado es posible alguna vez, pero que lo haya leído, ¡nunca! Así pues –me preguntarán ustedes– ¿lo propio del coleccionista es no leer libros? ¡Lo nunca visto! Pues bien, no. Los expertos podrán confirmarles que es lo más habitual. Y basta recordar a este efecto la respuesta que Anatole France, de nuevo, tenía preparada para los beocios que, tras admirar su biblioteca, formulaban la inevitable pregunta: "¿Y ha leído usted todo esto, señor France?" "Ni la décima parte. ¿Acaso come usted todos los días en su vajilla de Sèvres?".

Yo mismo pude verificar *a contrario* lo bien fundado de tal actitud. Durante años, al menos durante el primer tercio de su existencia, mi biblioteca se limitó a dos o tres estantes que aumentaban apenas unos pocos centímetros por año. Su época espartana, pues ni un solo libro entraba en ella sin que yo lo hubiera leído y descifrado sus claves.

Y probablemente nunca hubiera llegado a reunir algo que por su volumen mereciera la denominación de biblioteca si no hubiera sido porque la inflación, de repente, convirtió los libros en objetos valiosos o, como mínimo, en objetos de difícil adquisición. Así ocurrían las cosas en Suiza, al menos. Y así hice, en el último momento, mis primeros grandes encargos de libros de cierta importancia, pudiendo conseguir productos tan insustituibles como la revista del *Blaue Reiter* o *La leyenda de Tanaquil* de Bachofen, que aún era posible procurarse del editor. Ahora, pensarán ustedes, tras tantas vueltas y revueltas, deberíamos desembocar por fin en la vía real de la adquisición de libros: su compra. Ancho camino, ciertamente, pero no por ello menos tortuoso. Las compras de un coleccionista de libros no se parecen en nada a las que hace un estudiante para hacerse con uno de los manuales del curso, un mundano para regalar a su mujer, un viajante de comercio para matar el tiempo en su próximo desplazamiento, compras hechas en una librería. Mis más memorables compras, las he efectuado estando de viaje, de pasada.

Bienes y propiedades se deben a la táctica. Los coleccionistas son hombres de instinto táctico: cuando están a la conquista de una ciudad, el más pequeño librero de viejo cobra para ellos dimensiones de fortaleza a asaltar, la más remota papelería deviene posición clave. ¡Cuántas ciudades me revelaron sus secretos durante mis expediciones a la conquista de sus libros!

Sin embargo, puede darse por seguro que solo una parte de las grandes adquisiciones se efectúa mediante visita a librerías. Los catálogos ocupan un lugar mucho más importante. Por bien que el comprador conozca un libro encargado basándose en el catálogo, el ejemplar siempre será una sorpresa: todo encargo comporta una parte de azar. Así, junto con algunas amargas decepciones, se disfruta de los placeres del hallazgo. Recuerdo que en una ocasión encargué, para enriquecer mi vieja colección de libros infantiles, una obra ilustrada a todo color, solo porque contenía cuentos de Albert Ludwig Grimm, y había sido publicado en Grimma, Turingia.

Ahora bien, este mismo Albert Ludwig Grimm había publicado en Grimma una recopilación de cuentos, que estaban incluidos en mi ejemplar, con dieciséis ilustraciones, las únicas que han quedado de los comienzos del gran ilustrador alemán Lyser, quien vivió en Hamburgo hacia mediados del siglo pasado. Por tanto, había reaccionado acertadamente a la cacofonía de los nombres. En aquella ocasión descubrí obras de Lyser entre las que una en especial –*Los cuentos de Lina*–, desconocida hasta entonces por todas sus bibliografías, merecería extenderse más detalladamente que en esta simple mención.

Adquirir libros no es solo un asunto de dinero, ni basta con el simple olfato. Ambos motivos no son suficientes para poder reunir una verdadera biblioteca, que siempre es algo a la vez específico e indefendible. Quien compra guiándose por un catálogo debe poseer también la capacidad de advertir el sutil sentido de las referencias: años y lugares de edición, formatos, anteriores propietarios, tipo de encuadernación, todos estos elementos le deben hablar no solo por la árida desnudez del dato, sino por la forma en que sintonizan entre sí. Gracias a la armonía y la amplitud de esta sintonía, el coleccionista sabrá si el libro en cuestión le conviene o no. Una subasta exige del coleccionista otras cualidades muy distintas. Para el que compra por catálogo, únicamente el libro, y, como mucho, el nombre del anterior propietario, si la procedencia del ejemplar se especifica, deben retener su atención. En cambio, el que participa en una subasta, debe prestar tanta atención al libro como a la rivalidad entre pujadores, y, además tiene que conservar la cabeza lo bastante fría para –como suele ocurrir– no dejarse arrastrar por el juego de la puja y acabar pagando caro una oferta sobrevalorada, resultado menos del placer de adquirir que del de la rivalidad. En compensación, considero como uno de los más bellos recuerdos del coleccionista el momento en que acudió al rescate de un libro en el que nunca había pensado, ni nunca había deseado comprar, hasta que, viéndolo tan expuesto y abandonado en plena venta pública, lo compró para devolverle su libertad, como un príncipe de las *Mil y una noches* haría con una hermosa esclava. Pues para el coleccionista, la verdadera libertad de los libros se encuentra en las estanterías de su biblioteca.

Recuerdo de la más apasionante subasta que he conocido, *Peau de chagrin* de Balzac, aún ocupa hoy un lugar de honor en mi biblioteca, entre largas hileras de obras francesas. Ocurrió en 1915, en la venta Rümann, en los locales de Emil Hirsh, uno de los mayores aficionados a los libros a la par que eminente hombre de negocios. La edición de la que hablo apareció en 1838 en Paris, place de la Bourse. Ahora mismo, al tomar mi ejemplar, puedo ver no solo el número de catalogación en la colección Rümann, sino también la etiqueta de la librería en la que, hace más de 90 años, su primer propietario lo compró, por un precio ochenta veces inferior a su valor actual. *Papelería I. Flanneau*, se puede leer. Debió ser una bella época, aquella en la que se podían comprar libros tan prestigiosos –pues sus grabados fueron dibujados por el mayor artista francés y realizados por uno de los más ilustres grabadores–, la época en que aún era posible hacerse con semejante libro en una papelería. Pero quería contar la historia de su adquisición. Acudí a la exposición en los locales de Emil Hirsh: 40 o 50 ejemplares pasaron por mis manos, pero este, justamente este, deseaba ardientemente quedármelo para siempre. Llegó el día de la venta. La casualidad quiso que, antes de este ejemplar de *Peau de chagrin*, se subastara la serie completa de sus ilustraciones, realizada en tirada aparte sobre papel vegetal.

Los ofertantes estaban sentados alrededor de una larga mesa; no muy lejos de mí estaba el hombre sobre el que, desde el comienzo de la subasta, convergían todas las miradas: el Barón de Simolin, famoso coleccionista muniqués. Quería conseguir aquella serie, varios de sus rivales se la disputaban, no tardo en entablarse una lucha durísima, cuyo resultado fue la puja más elevada de toda la subasta: una oferta que superaba los 3.000 marcos. Nadie esperaba que la suma fuera tan alta: un movimiento de agitación se produjo entre los asistentes. Emil Hirsh no le prestó atención y, fuera para ganar tiempo o por otra razón, pasó al número siguiente, en medio del desinterés general. Anunció el precio de salida: con el corazón batiéndome, siendo perfectamente consciente de que no podría competir con ninguno de los coleccionistas allí presentes, hice una oferta ligeramente superior. Sin forzar la atención de la concurrencia, el rematador hizo todos los trámites: fórmulas rituales "¿nadie más?", "a la una, a las dos, a las tres", acompañadas por tres golpes de su martillo –me pareció que una eternidad transcurrió entre ellos– y lo adjudicó.

De todos modos, siendo yo entonces estudiante, la suma fue bastante elevada para mí. Pero lo que ocurrió al día siguiente en la casa de empeños ya no concierne a este relato, y prefiero hablar más bien de un episodio que considero como el negativo de una subasta. Ocurrió durante una venta en Berlín, el año pasado. Se ponían a subasta una serie de libros de muy desigual calidad y diferente temática, entre los cuales se encontraban varias obras raras de ocultismo y de filosofía de la naturaleza, que eran lo único destacable. Pujé por algunas de ellas, pero advertí que a cada una de mis intervenciones correspondía otra de un señor que, sentado en las primeras filas, parecía esperar mi oferta para hacer otra superior, hasta que la cifra subía a alturas inalcanzables. Como esta experiencia se repitió lo suficiente, abandoné cualquier esperanza de adquirir los libros que deseaba aquel día. En especial, los rarísimos *Fragmentos póstumos de un joven físico* (en dos tomos), publicados en Heidelberg en 1810 por Johan Wilhem Ritter. Esta obra no ha sido reeditada nunca, pero el prefacio en el que el editor, simulando hacer el elogio póstumo de su pretendido amigo fallecido y anónimo, que no es otro que él mismo, narra su propia vida, siempre me ha parecido el más notable fragmento de prosa biográfica del romanticismo alemán. En el momento mismo en que se anunciaba el número de subasta de este libro, se me ocurrió un truco muy sencillo. Visto que cada una de mis ofertas atraía automáticamente la de mi adversario, bastaba con que me abstuviera totalmente de pujar por el libro. Me contuve, permanecí callado. Lo que esperaba que ocurriera fue lo que sucedió: ni rastro de interés, ninguna oferta, el libro pasó inadvertido. Me pareció sensato dejar pasar aún algunos días más. En efecto, al volver al cabo de una semana encontré el libro en el librero de viejo y la nula atención que había merecido me fue así provechosa.

Apenas se aventura uno entre el montón de cajas, cantera a cielo abierto o, mejor dicho, cubierto, para extraer los libros de ellas, no tardan en amontonarse los recuerdos. Nada podría hacer más sensible la fascinación de este desembalaje que la dificultad para interrumpir la tarea. Empecé a desembalar a mediodía, y hacia medianoche aún no había acabado de llegar hasta las últimas cajas. Cuando llegué al gin, encontré dos gastados volúmenes con tapas de cartón, que, en rigor, no deberían hallarse en una caja de libros: dos álbumes en los que mi madre, en su infancia, había pegado cromos, y que yo había heredado. En ellos está el origen de la colección de libros infantiles que aún sigue creciendo, aunque ya no lo haga en mi "jardín".

No hay biblioteca viva que no acoja varias criaturas semilibrescas, procedentes de campos limítrofes con el libro. No se trata forzosamente de álbumes, herbolarios, colecciones de autógrafos, pandectas (o textos edificantes) o cosas por el estilo: a algunos les dará por coleccionar panfletos o prospectos, a otros por los facsímiles de manuscritos o por copias mecanográficas de obras inhallables, y las revistas, mucho más justificadamente, pueden ser las piedras angulares de una biblioteca. Pero, volviendo a los álbumes de mi madre, la herencia es la manera más segura de acceder a una colección: la actitud del coleccionista respecto a sus objetos se basa en el valor que otorga a estos. Y así es, en el más completo sentido del término, la postura del heredero. El carácter hereditario de una colección será siempre su mejor título de nobleza. Esta concepción de lo imaginario del coleccionista lo percibo nítidamente, pueden estar seguros –les confirmará a muchos de ustedes en la convicción de que se trata de una pasión vetusta, acentuando su desconfianza respecto al coleccionista. Nada más lejos de mi intención que perturbar sus convicciones ni su desconfianza. Simplemente, hay que tener en cuenta este hecho: privada de su coleccionista la colección pierde su sentido. Si, desde un punto de vista social, las colecciones públicas son menos chocantes que las privadas, y, desde un punto de vista científico, más útiles, solo las segundas rinden plena justicia a los objetos. Soy consciente, por lo demás, de que, como tipo humano, el coleccionista del que estoy hablando y que he descrito para ustedes *ex oficio*, se extingue, está en vías de desaparición. Pero, como dice Hegel: la lechuza de Minerva solo levanta el vuelo a la caída de la noche. Solo al extinguirse el coleccionista es comprendido.

La medianoche quedó atrás hace tiempo y estoy ante la última caja, ya a medio vaciar. Me veo arrastrado hacia otros pensamientos. Pensamientos, no: imágenes, recuerdos. Recuerdos de ciudades en las que encontré tantas cosas: Riga, Nápoles, Múnich, Dantzing, Moscú, Florencia, Basilea, París; recuerdos de los magníficos salones de Rosenthal en Múnich, del Stockturm de Dantzing, en el que se hospedaba el difunto Hans Raue, el sótano con libros, de olor a moho, de Süssengut en el norte de Berlín; recuerdo de las habitaciones, que dieron cobijo a estos libros, mi habitación de estudiante en Múnich, la de Berna, la soledad del bosque de Iselt al borde del lado de Brienz, y, en fin, mi habitación infantil, de la que no quedan más de cuatro o cinco volúmenes entre los miles que me rodean. ¡Felicidad del coleccionista, felicidad del hombre en su mundo particular! Aquel que, bajo una máscara a lo Spitzweg, pudo proseguir su existencia desacreditada, nunca se encontró más a gusto que allí donde menos se esperaba encontrarlo. Pues geniecillos astutos, o al menos maliciosos, se apoderaron de él, y por su culpa el coleccionista, quiero decir el verdadero, el coleccionista como debe ser, mantiene la más profunda relación que se puede tener con los objetos: la posesión. No es que estos vivan gracias a él, es él quien vive por ellos. De este modo he levantado ante ustedes una de sus viviendas –cuyos ladrillos son los libros–, y, como es de rigor, ahora él desaparecerá en su interior.

Esa chica no ha esperado cincuenta páginas por nada

Lección sobre ficción

STEPHEN LEACOCK

Hace cien años, Stephen Leacock (1869-1944) fue probablemente el humorista más famoso de habla inglesa del mundo. Nacido en la aldea de Swanmoor cerca de Southampton, su familia emigró a Canadá cuando tenía 6 años. Aunque se convirtió en profesor de economía política en la Universidad de McGill y escribió el libro de texto estándar Elementos de ciencia política *(1906), tuvo más reconocimiento como escritor de parodia ligera y sátira en colecciones de sus escritos breves como* Lapsus literarios *(1910) en el que aparece "Una lección sobre ficción" y en particular,* Un verano en mariposa *(1912), libro precursor de* Lake Wobegon *de Garrison Keillor. Estas obras le dieron fama y realizó muchas giras de conferencias, algunas muy masivas en Inglaterra y Escocia en 1921.*

Leacock inspiró a muchos comediantes y escritores: F. Scott Fitzgerald le escribió una carta, Spike Milligan era un gran admirador, y el descaro del sketch de "Four Yorkshiremen" del programa de televisión At Last the 1948 Show *y* Monty Python *le deben mucho a "Self Made Men" de Leacock. Una breve animación de, quizás, su ensayo más famoso, "My financial career", fue nominada a un Oscar en 1964. También es una de las muchas personas a las que se atribuyen las variantes del dicho "soy gran creyente en la suerte, y he descubierto que mientras más duro trabajo, más suerte tengo". La medalla conmemorativa Stephen Leacock se otorga anualmente desde 1947 al mejor libro de humor escrito en inglés por un escritor canadiense.*

Supongamos que en las primeras páginas de la novela melodramática moderna se encuentra una situación como la siguiente, en la que se describe la terrible lucha entre Gaspard de Vaux, el joven teniente, y Hairy Hank, el jefe de la banda italiana:

> "La desigualdad de la contienda era evidente. Con un grito que mezclaba rabia y desprecio, su espada blandida sobre su cabeza y su daga entre los dientes, el enorme bandido se precipitó sobre su intrépido oponente. De Vaux parecía más enclenque que un mozalbete, pero se mantuvo firme y se enfrentó a su hasta ahora invencible agresor. 'Oh, Dios mío', clamó De Smythe, '¡está acabado!'".

Pregunta. Honestamente, ¿en cuál de los participantes de la contienda están dispuestos a apostar su dinero?

Respuesta. En De Vaux. Él va a ganar. Hairy Hank lo obligará a ponerse de rodillas y lanzará un grito burlesco ad portas de embestirlo, ahí es cuando De Vaux arremete súbitamente (lo que aprendió en casa con un libro sobre estocadas) y...

Muy bien. Has respondido correctamente. Ahora, supongamos que descubre, ya más avanzada la historia, que el asesinato de Hairy Hank ha obligado a De Vaux a huir de su tierra natal hacia el este. ¿No teme por su seguridad en el desierto?

Respuesta. Sinceramente, no. De Vaux estará a salvo. Su nombre aparece en la portada, no es posible matarlo.

Pregunta. Entonces, escuche lo siguiente: "El sol de Etiopía arde con ferocidad en el desierto cuando De Vaux, montado sobre su fiel elefante, continúa su camino solitario. Sentado en su altanero animal, sus ojos recorren los desperdicios. De repente aparece un jinete solitario en el horizonte, luego otro, y otro, y luego seis. En unos momentos, una multitud de jinetes solitarios se abalanzan sobre él. Gritan ferozmente '¡Alá!' y disparan armas de fuego. De Vaux cae de su elefante y se hunde en las arenas, mientras el animal, asustado, corre en todas direcciones. La bala le ha llegado a su corazón".

Ahora, ¿qué piensas? ¿Muere De Vaux o no?

Respuesta. Lo siento. De Vaux no muere. Sí, la bala atraviesa su corazón, oh sí, lo atraviesa, pero echa un vistazo a una biblia familiar, que llevaba en su chaleco en caso de enfermar, toca algunos himnos que tenía en el bolsillo a la altura de la cadera y mirando de nuevo, comprueba que la bala había chocado contra el diario en el que De Vaux relataba sus periplos en el desierto, y que estaba en su alforja.

Pregunta. Pero incluso si esto no lo mata, ¿admite que está cerca de la muerte cuando lo atacan en la maraña?

Respuesta. Está bien. Un amable árabe llevará a De Vaux a la tienda del jeque.

Pregunta. ¿Qué le recordará De Vaux al jeque?

Respuesta. Muy fácil. A su hijo, quien desapareció hace ya varios años.

Pregunta. ¿Ese hijo era Hairy Hank?

Respuesta. Claro que sí. Cualquiera podría darse cuenta, pero el jeque nunca lo sospecha, y sana a De Vaux. Lo sana con una hierba simple, increíblemente simple, que solo el jeque conoce. Desde que usa esta hierba, el jeque no ha recurrido a ninguna otra.

Pregunta. El jeque reconocerá un abrigo que lleva De Vaux y surgirán complicaciones en el caso de la desaparición de Hairy Hank. ¿Conllevará esto a la muerte del joven teniente?

Respuesta. No. Para ese entonces, De Vaux se ha dado cuenta de que el lector sabe que no morirá y decide abandonar el desierto. Los pensamientos sobre su madre siguen viniendo a él. También recuerda a su padre, anciano encorvado y de cabellera gris. ¿Se agachará todavía o habrá dejado de agacharse? A veces, también, viene el pensamiento de otra persona, más justa que su padre; ella, cuyo... pero De Vaux vuelve a la antigua granja en Piccadilly.

Pregunta. Cuando De Vaux regrese a Inglaterra, ¿qué ocurrirá?

Respuesta. Ocurrirá lo siguiente: "Aquel que salió de Inglaterra hace diez años como un niño inmaduro, vuelve convertido en un soldado bronceado por el sol. ¿Pero quién es esa persona que avanza sonriente para encontrarse con él? ¿Será la niña, aquella brillante niña con la que compartió sus horas de juego? ¿Será que se habrá convertido en una niña sin igual, graciosa, a cuyos pies está la mitad de los nobles pretendientes de Inglaterra? ¿Será ella?, se pregunta asombrado".

Pregunta. ¿Es ella?

Respuesta. Oh, está bien. Es ella. Es ella, y es él, y son ellos. Esa chica no ha esperado cincuenta páginas por nada.

Pregunta. A todas luces, usted cree que nacerá una aventura amorosa entre el joven teniente y la inigualable niña de pies anchos. ¿Se imagina, sin embargo, que todo seguirá su curso sin problemas y no dejará nada para ilustrar?

Respuesta. Para nada. Estoy seguro de que la escena de la novela se trasladó a Londres y el escritor no se sentirá satisfecho a menos que presente la siguiente escena famosa:

"Pasmado por la cruel revelación que había recibido, inconsciente de a dónde lo llevaban sus pasos, Gaspard de Vaux deambuló por la oscuridad de calle en calle hasta que se encontró en el Puente de Londres. Se inclinó sobre el parapeto y contempló el torrente que había debajo. Había algo en el apresuramiento inmóvil y veloz que parecía atraerlo, seducirlo. Después de todo, ¿por qué no? ¿Qué quedaba por apreciar en la vida? Por un momento, De Vaux tomó una pausa irresoluta".

Pregunta. ¿Se lanzará?

Respuesta. Bueno, digamos que no conoce a Gaspard. Se mantendrá irresoluto hasta el límite, luego, con una lucha feroz, recordará su coraje y se alejará del puente.

Pregunta. Esta lucha interna por no tirarse del puente debe ser terriblemente dificultosa, ¿no?

Respuesta. Oh, ¡claro que sí! La mayoría de nosotros somos tan débiles que deberíamos saltar de inmediato. Sin embargo, Gaspard es diferente. Además, todavía le queda un poco de la hierba que le obsequió el jeque; la mastica.

Pregunta. ¿Qué le ocurrió a De Vaux de todas formas? ¿Es algo que comió?

Respuesta. No, no es nada que haya comido. Es ella. El golpe ha llegado. No le gusta quemarse con el sol, no le importa broncearse; va a casarse con un duque y el joven teniente ya no está. El verdadero problema es que el novelista moderno ha ido más allá del método de finalización de la historia con un matrimonio feliz. Quiere que haya una tragedia y una vida arruinada para terminar la historia.

Pregunta. ¿Cómo terminará el libro?

Respuesta. Oh, De Vaux volverá al desierto, caerá sobre el cuello del jeque y jurará ser un segundo hijo para él. Se dibujará un nuevo panorama en el desierto, con el jeque y su hijo recién encontrado en la entrada de la tienda, la puesta de sol detrás de una pirámide, y el fiel elefante de De Vaux agachado a sus pies y mirándole con estúpido afecto.

A mí no me importaría ser sorprendido solo en los serios corredores de una catedral leyendo Cándido

Pensamientos sueltos sobre los libros y la lectura

CHARLES LAMB

Sería impensable en un libro de ensayos sobre libros no incluir la obra de Charles Lamb (1775-1834). Aunque lamentablemente en el siglo XXI se ha ignorado gran parte de su obra, a Lamb se le reconoce en la actualidad por Cuentos de Shakespeare *(1807) que escribió con su hermana Mary y que consiste en una colección de resúmenes de comedias y tragedias para niños. Sin embargo, en su apogeo fue un ensayista enormemente popular (y poeta en menor grado, su obra "The Old Familiar Faces" [Los viejos rostros familiares] es a menudo desconocida), que escribió para The London Magazine bajo el seudónimo "Elia". Sus obras fueron recopiladas en* Ensayos de Elia *(1823) y, diez años más tarde,* Más ensayos de Elia, *en el que aparece "Pensamientos sueltos sobre los libros y la lectura", que se presenta más adelante. Formula muchas preguntas atemporales sobre los libros, cómo deben lucir, cuándo y dónde deben leerse, y define los "libros que no son libros", que describe como "biblia-a-biblia". Aunque pasó la mayor parte de su vida laboral como empleado en la British East India Company, Lamb se codeó con las principales figuras literarias de la época, como William Wordsworth, Samuel Taylor Coleridge (amigo de la escuela) y William Hazlitt, mientras que él y Mary dirigieron un popular salón literario en su casa de Londres.*

"Adentrarse en un libro significa buscar el propio entretenimiento mediante el producto forzado del cerebro de otro hombre. Por eso pienso que un hombre de calidad y buena crianza debería divertirse con sus propias germinaciones naturales".

Lord Foppington en el Relapse

Un ingenioso conocido mío quedó tan impresionado con esta brillante salida de su señoría que dejó de leer por completo, para gran mejoramiento de su originalidad. Con el riesgo de perder algo de crédito ante su inteligencia, debo confesar que le dedico una parte no desdeñable de mi tiempo a los pensamientos de otras personas. Fantaseo sobre mi vida en especulaciones ajenas. Me gusta perderme en las mentes de otros hombres. Cuando no estoy caminando, estoy leyendo; no puedo sentarme y pensar. Los libros piensan por mí.

No tengo aversiones. Shaftesbury no es demasiado elegante para mí, ni Jonathan Wild muy bajo. Puedo leer cualquier cosa que yo considere un libro. Y hay cosas que tienen esa forma que no puedo pasar por tal. En el catálogo de los libros que no son libros –biblia-a-biblia– incluyo calendarios, directorios, agendas, cuadernos en blanco con tapas duras e inscripción, tratados científicos, almanaques, estatutos extensos; las obras de Hume, Gibbon, Robertson, Beattie, Soame Jenyns, y en general todos esos volúmenes "que no deben faltar en la biblioteca de un caballero": las historias de Flavius Josephus (ese judío erudito) y la *Filosofía moral* de Paley. Con estas excepciones, puedo leer casi cualquier cosa. Bendigo a mis astros por tener un gusto tan católico, tan poco excluyente.

Confieso que me pone de mal humor ver estas cosas con apariencia de libros encaramadas sobre los estantes, como santos falsos, usurpadores de los verdaderos altares, intrusos en el santuario que no dejan lugar a sus legítimos ocupantes. Uno encuentra un volumen que aparenta estar bien encuadernado y espera que sea algún amable libro de dramas, pero al abrir "lo que parecen ser hojas" aparece un añejo *Ensayo sobre la población*. Se espera a Steele o Farquhar, pero se trata de Adam Smith. Al ver esas estúpidas enciclopedias (anglicanas o metropolitanas) bien dispuestas en su variedad, ataviadas con piel rusa o marroquí, pienso que la décima parte de ese excelente material podría revestir confortablemente mis destartalados infolios, podría renovar al propio Paracelso y permitiría al viejo Raimundo Lulio mostrarse a sí mismo ante el mundo. Nunca miro a los impostores sin desear desnudarlos para abrigar con sus despojos a mis andrajosos veteranos.

El desiderátum de un volumen son las tapas duras y la encuadernación pulcra. La magnificencia viene después. Esta, cuando se puede pagar, no debe prodigarse indiscriminadamente a toda clase de libros. No vestiría una colección de revistas, por ejemplo, con traje completo. Los paños menores, o las medias costuras (siempre con tapas rusas), son nuestra costumbre. Sería ridículo confundir un Shakespeare o un Milton (menos sus primeras ediciones) poniéndoles vestimentas alegres. Su posesión no confiere distinción alguna. Su exterior (al ser cosas en sí tan comunes), extraña decirlo, no genera en sus dueños emociones dulces, ningún cosquilleo de sentido de propiedad. Las *Temporadas* de Thomson, otra vez, se ven mejor (lo mantengo) un poco rasgadas y deshojadas. ¡Qué bellas son para un genuino amante de la lectura las hojas estropeadas, la apariencia gastada, aún más, el olor (aparte de la piel rusa), de *Tom Jones* o *El vicario de Wakefield* de una biblioteca de préstamo, si podemos mantener los sentimientos de cariño dentro de su fastidio! ¡Cómo hablan de los miles de pulgares que se han deleitado al pasar sus páginas! De la costurera solitaria que habrán alegrado (una modista afanosa) tras su largo día de fatiga con la aguja, después de la medianoche, cuando le ha robado una hora a su escaso sueño para disolver sus inquietudes, como en una suerte de copa del Leteo, al descifrar sus maravillosos contenidos. ¿Quién preferiría estos libros un poco menos estropeados? ¿En qué mejor condición podríamos desear verlos?

De alguna manera, cuanto mejor es un libro menos encuadernación necesita. Fielding, Smollett, Sterne, toda esa clase de volúmenes que se reproducen perpetuamente –los grandes estereotipos de la naturaleza–, los vemos marchitarse individualmente, pero sin pesar, porque sabemos que sus copias son "eternas". Pero cuando un libro es al mismo tiempo bueno y raro, cuando el individuo casi constituye la especie, y ese se marchita,

> No sabemos dónde está, la antorcha de Prometeo
> Que puede volver a encender su luz.

Un libro como ese, por ejemplo, es la *Vida del Duque de Newcastle* escrito por su duquesa, no hay estuche bastante fuerte ni cubierta suficientemente perdurable para honrar y mantener a salvo una joya como esa.

Es bueno conservar en duraderas y valiosas encuadernaciones no solo volúmenes raros de estas características, que al parecer no tienen la esperanza de ser reimpresos, sino también viejas ediciones de autores como Sir Philip Sydney, Bishop Taylor, las obras en prosa de Milton o Fuller –del cual tenemos reimpresiones, aunque sus propios libros, como van, según se comenta aquí y allá, sabemos que no se han naturalizado como para convertirse en libros corrientes. Pero no me interesa una primera edición de Shakespeare. Prefiero en su lugar las impresiones comunes de Rowe and Tonson, sin notas y con láminas que, al ser tan execrablemente malas, sirven como mapas o modestos recuerdos del texto, al no pretender emularlos en nada que se pueda suponer, son tanto mejores que la galería de grabados de Shakespeare que sí lo hacen. Tengo una sensibilidad común a mis compatriotas hacia sus obras, y me gustan sus ediciones cuanto más ajadas y manoseadas estén. Por el contrario, no puedo leer a Beaumont y Fletcher si no es en folio. Es doloroso ver las ediciones en octavos. No me gustan. Si fueran tan leídas como las ediciones populares del otro poeta, las preferiría bajo esa forma antes que en la más antigua. No conozco una apariencia más falta de amor que la reimpresión de *The Anathomy of Melancholy*. ¿Qué necesidad había de desenterrar los huesos de ese fantástico y gran anciano, y exponerlos a la censura moderna con la mortaja de la última moda? ¿Qué desgraciado papelero pudo soñar que Burton se volvería popular? El infeliz Malone no lo pudo hacer peor cuando sobornó al sacristán de la iglesia de Stratford para que le permitiera blanquear la efigie pintada del viejo Shakespeare que se preservaba allí, en un retrato tosco pero vivo, con el verdadero color de sus mejillas, ojos, cejas, cabello, el mismo traje que usaba –el único testimonio auténtico, aunque fuera imperfecto, que teníamos de su peculiar uña y carne. Lo cubrieron con un manto de pintura blanca. Si yo hubiera sido un juez de paz en Warwickshire, los habría detenido a ambos sin dilación, sacristán y comentarista, como un par de impertinentes y sacrílegos lacayos.

Creo que los veo en sus afanes, a estos eruditos, como profanadores de tumbas.

¿Parecería demasiado caprichoso si confieso que los nombres de algunos de nuestros poetas suenan más dulces y agradan más finamente el oído –el mío, al menos– que los de Shakespeare y Milton? Puede que estos últimos sean más apreciados y repetidos en el discurso común. Los nombres más dulces, que exhalan un perfume al mencionarlos, son Kit Marlowe, Drayton, Drummond de Hawthornden y Cowley.

Mucho depende de cuándo y dónde se lea un libro. Durante los cinco o seis impacientes minutos anteriores a que se sirva la comida, ¿quién pensaría en tomar como sustituto el Faery Queen o un volumen con los sermones del Cardenal Andrewes?

Antes de introducirse en Milton casi es necesario que se toque un solemne servicio musical. Pero él proporciona su música, ante la cual el que escucha debe entregarse con pensamientos dóciles y oídos purificados.

En las noches de invierno –el mundo cerrado– el gentil Shakespeare hace su entrada con menos ceremonia En esa temporada, con *La tempestad* o su propio *Cuento de invierno*.

No se puede evitar leer a estos dos poetas en voz alta, para sí mismo o (si se da la oportunidad) a alguna otra persona que escuche. Con más de uno se degeneraría hacia un público. Los libros de interés vivo, que apuran en incidentes, sirven solo para que el ojo se distraiga. Yo jamás podría escuchar sin aburrirme en extremo ni siquiera el mejor tipo de novelas modernas.

Un periódico, al ser leído, es intolerable. En algunas de las oficinas del Bank se acostumbra (para ahorrar el tiempo individual) que uno de los secretarios –el mejor letrado– comience con el *Times* o el *Chronicle*, y recite su contenido completo en voz alta, *pro bono publico*. Con todas las ventajas para los pulmones y el habla, el efecto es singularmente insípido. En las barberías y tabernas un individuo se pondrá de pie para leer un párrafo, recitándolo como si fuera un descubrimiento. Lo seguirá otro con su selección. Así, a la larga, el diario completo se revela por pedazos. Los lectores ocasionales son lectores lentos y, sin tener esta oportunidad, probablemente ninguno de los presentes jamás podría atravesar por los contenidos de un periódico completo.

Los periódicos siempre excitan la curiosidad. Jamás nadie termina de leer uno sin sentirse algo decepcionado.

¡Qué eternidad se demora con el diario ese caballero de negro en Nando's! Estoy harto de oír al mesero vocear incesantemente: "El Chronicle está ocupado, señor".

Al ir a una posada en la noche –habiendo ordenado la cena– nada puede ser más agradable que encontrar en el alféizar de la ventana, abandonados hace mucho tiempo por el descuido de algún comensal anterior, dos o tres números de la vieja revista *Town and Country*, con sus fascinantes ilustraciones tête-à-tête: "El amante real y lady G", "El platónico tierno y el viejo galán", ese tipo de escándalos anticuados. En ese momento, y en ese lugar, ¿los cambiarías por un libro mejor?

El pobre Tobin, que hace poco quedó ciego, no lo lamentaba tanto por perderse las lecturas más densas –el *Paraíso perdido* o *Comus*, que le podría haber recitado a su autor– si no por dejar el placer de recorrer con sus propios ojos una revista o un panfleto ligero.

A mí no me importaría ser sorprendido solo en los serios corredores de una catedral leyendo *Cándido*.

No recuerdo una sorpresa más desconcertante que la ocasión en que fui descubierto por una señorita, conocida mía, cómodamente tendido sobre la hierba, en Primrose Hill (su Citera) leyendo *Pamela*. No había nada en el libro que pudiera hacer a un hombre avergonzarse seriamente de la situación, pero cuando ella se sentó junto a mí y pareció estar determinada a leer en mi compañía, hubiera querido que fuese... cualquier otro libro. Leímos varios pasajes muy amigablemente y al no hallar al autor muy de su gusto, ella se levantó y se fue. Gentil casuista, le dejo a usted conjeturar si nuestro rubor (porque se produjo uno entre nosotros) fue en este dilema incitado por la ninfa o por el zagal. De mí nunca sabrán el secreto.

No soy muy amigo de leer al aire libre. No puedo ajustar mi ánimo a eso. Conocí a un ministro unitario, a quien generalmente se veía en Snow Hill (pues todavía no existía Skinner's Street), entre las diez y las once de la mañana, estudiando un volumen de Lardner. Confieso que me pareció un esfuerzo de abstracción más allá de mi alcance. Solía admirar cómo permanecía apartado, manteniéndose ajeno a los contactos seculares. Un encuentro iletrado con un mozo intrigante, o los gritos del panadero, rápidamente hubieran hecho volar toda la teología de la que soy capaz y me hubieran dejado peor que indiferente a sus cinco pilares.

Hay una clase de lectores callejeros a quienes nunca dejo de contemplar con afecto: la gente pobre que, al no tener los medios para comprar o pedir prestado un libro, hurtan un poco de conocimiento en las tiendas abiertas. El dueño, con su ojo severo, les lanza miradas suspicaces todo el tiempo, pensando cuándo acabarán. Aventurándose tiernamente, página tras página, ellos temen que en cualquier momento los interrumpan con una queja, y aún sin ser capaces de negarse a sí mismos la gratificación, "arrebatan una tímida alegría". Martin B, con esta técnica, por fragmentos diarios, leyó los dos volúmenes de *Clarissa*, hasta que el librero apagó su loable ambición al preguntarle (eran sus días juveniles) si pretendía comprar la obra. M. declara que bajo ninguna circunstancia en su vida leyó un libro con la mitad de satisfacción que gozó mediante esos hurtos tortuosos. Una original poetisa de nuestros días ha moralizado sobre este asunto en dos estrofas emocionantes, aunque sencillas.

Observé a un niño que con muchas ansias
Abría un libro en una tienda
Y lo leía, devorándolo entero
Hasta que lo sorprendió el dueño.

Y de pronto oí que le dijo al niño
"Usted, señor, nunca compra un libro
Por lo tanto, no debiera ni mirarlos".
El niño se fue lentamente y suspirando
Quiso que jamás le hubieran enseñado a leer
Así no tendría que ver los libros de ese viejo miserable.

Los pobres tienen muchos sufrimientos
Que nunca incomodan a los ricos:
Pronto vi a otro niño,
Que parecía no tener nada
Para comer, al menos ese día disfrutaba
Observando la carne en la vitrina de una taberna.
El caso de este niño, pensé entonces, con seguridad es más severo,
Hambriento, ansioso, sin un penique,
Contemplando la posibilidad de la sabrosa carne:
No sé si habrá querido jamás haber aprendido a comer.

Tolstói es un escritor interesante y estimulante, pero un asesor moral extremadamente inseguro

Libros para unas vacaciones al aire libre

THEODORE ROOSEVELT

Explorador, escritor, naturalista y vigésimo sexto presidente de los Estados Unidos, Theodore Roosevelt (1858-1919) también es, quizás, el presidente más letrado del país. Encarnación de la tendencia de lectura veloz, repasaba un libro al día, a menudo en varios idiomas diferentes. Aunque a Roosevelt no le gustaba la idea de las listas de libros "obligatorios" porque creía que no se podían generalizar los gustos personales –"Mi capacidad de elección es tan ilimitada que me parece absurdo tratar de hacer catálogos que se supone servirán para mucha gente"– fue un gran partidario de los cuentos y la poesía.

Asmático desde su infancia, Roosevelt se convirtió en un gran creyente de los beneficios de los grandes espacios abiertos y la importancia del ejercicio físico. Bautizó a su partido político Progresista de la misma manera en que se sentía: "fuerte como un alce" (Bull Moose). Además de ser un prolífico escritor de cartas, Roosevelt también escribió libros sobre historia naval, Oliver Cromwell y Summer Birds of Adirondacks. El siguiente pasaje proviene de su libro A Book Lover's Holidays in the Open *[Libros para unas vacaciones al aire libre, 1916]. Entre otros capítulos se incluyen "A cougar hunt on the rim of the Grand Canyon" [Caza de pumas en el borde del Gran Cañón] y "Primitive Man and the horse, the lion and the elephant" [El Hombre primitivo, el caballo, el león y el elefante].*

A veces me preguntan qué libros aconsejo leer durante las vacaciones al aire libre. Con la reserva de viajes largos, donde el volumen es de importancia primordial, solo puedo responder lo siguiente: los mismos libros que usted leería en su casa. Tal respuesta generalmente invita a la pregunta adicional sobre qué libros leo cuando estoy en casa. Ante esta pregunta, me temo que mi respuesta no es tan instructiva como debería, pues nunca he seguido ningún plan de lectura que se aplique a todas las personas en todos los contextos; y, de hecho, me parece que no se puede establecer ningún plan que sea de aplicación general. Si a un hombre no le gustan los libros, para él su lectura será muy pesada sin importar qué tipo de libro sea. Compadezco a esa persona con toda sinceridad, pero no sé cómo ayudarle. Si a un hombre o una mujer le gustan los libros, buscará naturalmente los libros que su mente y su alma exijan. Fuereños pueden hacer sugerencias de un personaje posiblemente útil, pero solo sugerencias; y, probablemente, serán útiles en proporción al conocimiento de la mente y el alma de la persona a la que se pretende recomendar libros.

Por supuesto, si alguien se da cuenta de que nunca ha leído libros más cultos, si toda su lectura es trivial y de baja calidad, haría bien en tratar de prepararse para leer los mismos libros que interesan a personas cultas y de lógica sensata. Para la mente es igual de vergonzoso no estar apta para un trabajo mental continuo como lo es para el cuerpo de un joven ser incapaz de soportar un trabajo físico prolongado. Que un hombre o una mujer, un jovencito o una jovencita, lean a un buen autor, como Gibbon o Macaulay, hasta que el trabajo mental continuo los incite a disfrutar de los libros que vale la pena leer. Cuando se haya logrado esto, la persona pronto podrá confiar en sí misma para elegir por su cuenta los buenos libros que le llaman la atención.

La ecuación del gusto personal es tan poderosa en la lectura como en la comida; y, dentro de ciertos límites amplios, el asunto es meramente de preferencia individual, que no tiene nada que ver con la calidad del libro ni con la condición de la mente del lector. Me gustan las manzanas, las peras, las naranjas, las piñas y los duraznos.

No me gustan los plátanos, ni el aguacate ni las ciruelas. No tomo crédito por el primer hecho, aunque sí opera en mi beneficio; y el segundo al menos no constituye una bajeza moral. En ocasiones, en los trópicos, lamenté muchísimo no poder aprender a disfrutar de los plátanos, y en los rodeos, en el país de las vacas en los tiempos de antaño, era aún más desafortunado que no me gustaran las ciruelas; pero simplemente no podía obligarme a ello.

De la misma manera, leí una y otra vez a *Guy Manering*, *The Antiquary*, *Pendennis*, *Vanity Fair*, *Our Mutual Friend* y *The Pickwick Papers*; y puse mi mayor esfuerzo en la mayoría de las partes de *The Fortunes of Nigel*, *Esmond* y *The Old Curiosity Shop*, por mencionar solo los libros que he tratado de leer durante el último mes. No cabe duda de que los últimos tres libros son tan buenos como los primeros seis; de seguro para algunas personas son mejores; pero a mí no me gustan, como tampoco me gustan las ciruelas, las pasas ni los plátanos.

Del mismo modo, leí y releí a *Macbeth* y *Otelo*; pero no *El rey Lear* ni *Hamlet*. Sé perfectamente que los últimos son tan maravillosos como los primeros: ¡no me atrevería a admitir mis defectos con respecto a ellos si no pudiera expresar con orgullo mi aprecio por los otros dos! Pero a mi edad también podría reconocer, al menos para mí mismo, mis limitaciones, y leer los libros que disfruto mucho.

Sin embargo, esto no significa permitirse que a uno le guste lo vicioso o lo que simplemente no tenga valor alguno. Si un hombre descubre que le gusta leer *Bel Ami*, hará bien en vigilar los centros reflejos de su naturaleza moral y prepararse con un curso de Eugene Brieux o Henry Bordeaux. Si no le interesan *Ana Karenina*, *Guerra y paz*, *Sebastopol* ni *Los Cosacos*, se pierde de mucho; pero, si le interesa *La sonata a Kreutzer*, será mejor que recapacite, ya que, por razones patológicas, será prudente que evite a Tolstói por completo. Tolstói es un escritor interesante y estimulante, pero un asesor moral extremadamente inseguro.

Está claro que la lectura de libros viciosos por placer debería eliminarse. También está claro que los libros triviales y de mal gusto causan más daño en comparación con el entretenimiento que pudieran generar. Hay grandes cantidades de libros, de los cuales nadie puede leer más que un número limitado, y entre los que cada lector debe elegir los que satisfagan sus necesidades. No existe una lista de "los cien mejores libros" ni la "mejor colección de clásicos".

Se pueden nombrar docenas de conjuntos de libros excelentes, cien por cada grupo, todos con los mismos méritos razonables y donde uno de ellos sirva al gusto de varios lectores más que cualquier otro libro; y aun así puede que no aparezca más de media docena de libros en todas estas listas. Se puede catalogar fácilmente una "colección de libros clásicos", donde cada libro será el mejor en algún momento dado, para un hombre determinado y bajo ciertas condiciones. Pero intentar crear una colección de este tipo que sea de valor universal está predestinada a la futilidad.

Por lo tanto, dentro de límites amplios, el gusto personal e individual del lector debe ser el factor guía. Me gustan los libros de caza, exploración y aventura. No pido que a los demás también les gusten. Es evidente que mis preferencias no son más que gustos personales; por lo tanto, este capítulo se debe considerar como una confesión más que una instrucción. Con esto en mente, admito que me gustan las novelas donde sucede algo; e incluso entre estas novelas no puedo explicar ni justificar por qué me gustan algunas y no me gustan otras; ¿Por qué, entre las novelas de Sienkiewicz, no soporto a *Quo Vadis?* y nunca me canso de *A sangre y fuego*, *El señor Wolodyjowski*, *El diluvio* y *Los caballeros teutones*?

Por supuesto, sé que los mejores críticos desprecian la demanda entre los lectores noveles de "el final feliz". Ahora, en libros realmente geniales –en una epopeya como la de Milton, en dramas como los de Esquilo y Sófocles– estoy totalmente dispuesto a aceptar e incluso exigir tragedia, y también en alguna que otra poesía que no pueda catalogarse como grandiosa, ¡pero no en novelas buenas, entretenidas y de longitud suficiente para interesarme por el héroe y la heroína!

En la vida real ya hay horror, tristeza y desaliento suficientes con los que una persona tiene que lidiar; y cuando me dirijo al mundo de la literatura, de libros considerados como tal y no como instrumentos de mi profesión, no me interesa estudiar el sufrimiento a menos que tenga un propósito conveniente. La novela tiene que ser muy excepcional para que yo pueda leer una historia sobre desamor; e incluso en novelas excepcionales prefiero esta consumación. No defiendo mi actitud. Solo la pongo de manifiesto.

Por lo tanto, sería bastante inútil para mí tratar de explicar por qué leo ciertos libros. En cuanto a cómo y cuándo, mis respuestas son menos vagas. Casi siempre leo mucho en la noche; y si el resto de la tarde está ocupada, al menos puedo pasar media hora en dicha actividad antes de acostarme. Pero incluso en un día ocupado aparecen todo tipo de momentos extraños, cuando es posible disfrutar de un libro; y luego hay tardes de lluvia en otoño y días de tormenta en invierno, cuando se termina la labor al aire libre y después de que la ropa húmeda se cambia por la ropa seca, la silla mecedora frente al fuego con leña simplemente exige un libro como compañía.

Durante siglos, los viajes en ferrocarril y en barco de vapor estuvieron, por supuesto, predestinados como alicientes para el disfrute de la lectura. Cuando me voy de caza o hago un viaje de exploración, siempre llevo libros conmigo. En tales casos, la literatura debe ser razonablemente pesada, para que pueda durar. En estas condiciones, usted puede leer a Herbert Spencer, por ejemplo, o los escritos de Turgot, o un estudio alemán de los mongoles, o incluso una edición alemana de Aristófanes, con explicaciones eruditas de los chistes, algo que usted nunca haría si estuviera rodeado de autores menos formidables en su propia biblioteca; y cuando llega al final del viaje, se aferra con entusiasmo a las revistas viejas o a la literatura más ligera.

Entonces, si uno está preocupado por todo tipo de personas y situaciones, durante los períodos críticos en la oficina administrativa, en las convenciones nacionales, o durante las investigaciones del Congreso, o en campañas políticas muy reñidas, es el mayor alivio y deleite puro poder tomar algunos libros realmente buenos y fascinantes: Tácito, Tucídides, Heródoto, Polibio o Goethe, Keats, Gray o Lowell, y perder todo recuerdo de todo lo sucio y de la bajeza que debe ser detenida o conquistada.

Como todos los demás, soy capaz de leer en rachas. Si me interesa algún tema, leo diferentes libros relacionados con él, y probablemente también lea libros sobre temas sugeridos por él. Habiendo leído la obra de *Federico el Grande* de Carlyle, con su espléndida descripción de las batallas, y el valor inquebrantable y la ingeniosa inventiva del rey con temple de acero; y con su vociferante deificación de brutalidad en nombre de la moral, y su práctica de la represión y la falsificación de la verdad con el pretexto de predicar veracidad, recurrí al ensayo de Macaulay sobre este tema, y descubrí que el historiador que ha sido la tendencia de los intelectuales en subestimación o ridiculización mostraba una filosofía mucho más sólida, y una apreciación y devoción infinitamente mayor de la verdad que la demostrada por el locuaz apóstol de la doctrina de la reticencia.

Luego tomé la *Guerre de Sept Ans* de Waddington; luego leí todo lo que pude sobre Gustavo Adolfo; y, dejando Gustavo Adolfo; y, dejando paulatinamente de lado todo menos la literatura militar, me puse en contacto con las antiguas y pintorescas historias de Eugenio de Saboya y Turena. De manera similar, mi estudio y deleite en Mahan me llevó más lejos, a leer viejos volúmenes extraños sobre De Ruyter y los audaces guerreros mercantes de Hansa, y a estudiar, lo mejor que pude, las hazañas de Suffren y Tegethoff. No tuve necesidad de estudiar a Farragut. Los libros de Mahaffy me hicieron volver a leer, lamentablemente, la versión traducida de los autores griegos post-atenienses. Después de Ferrero, hice lo mismo con respecto a los autores latinos, y luego leí diligentemente a todo tipo de escritores modernos en el mismo período, terminando con el ensayo capital de Sir Charles Oman sobre *Siete estadistas romanos*. Gilbert Murray me llevó de la historia griega a la literatura griega, y de allí por una sugerencia natural a partes del Antiguo Testamento, al *Cantar de los nibelungos*, a los laicos de Roland y los chansons de gestes, a *Beowulf* y finalmente al gran cuento heroico japonés, la *Leyenda de los 47 rōnin*.

Leí a Burroughs con demasiada frecuencia para que sugiriera algo salvo él mismo; pero estoy extremadamente contento de que

Charles Sheldon haya surgido para mostrar lo que un cazador-naturalista, que agrega la habilidad del escritor a la del observador entrenado y aventurero al aire libre, puede hacer por nuestra última gran tierra salvaje: Alaska. De Sheldon pasé a Stewart Edward White, y luego comencé a deambular más lejos, con *Voice from the Congo* de Herbert Ward, y los escritos de Mary Kingsley, y *El ombú* de Hudson, y los bocetos de Sudamérica de Cunningham Grahame. La relectura de *The Federalist* me llevó a Burke, a la historia de Fox de Trevelyan y de nuestra propia Revolución, a Lecky; y finalmente a través de Malthus y Adam Smith y Lord Acton y Bagehot a mis propios contemporáneos, a Ross y George Alger.

Incluso en la literatura pura, que no tiene nada que ver con la historia, la filosofía, la sociología o la economía, un libro a menudo sugerirá otro, de modo que uno encuentre que ha seguido inconscientemente un curso regular de lectura. Una vez viajé constantemente desde Montaigne a través de Addison, Swift, Steele, Lamb, Irving y Lowell hasta Crothers y Kenneth Grahame, y si se objeta que algunos de estos no podrían haber sugerido a los demás, solo puedo responder que *sí* lo hicieron.

Supongo que todos pasan por períodos durante los cuales no leen poesía; y algunas personas, me incluyo, también pasan por períodos durante los cuales devoran vorazmente a poetas de estilos muy diferentes. Ahora serán Horacio y Pope; ahora Schiller, Scott, Longellow, Körner; ahora Bret Harte o Kipling; ahora Shelley o Herrick o Tennyson; ahora Poe y Coleridge; y de nuevo, Emerson o Browning o Whitman. A veces uno desea leer en aras de contraste. Para mí, Owen Wister es el escritor que ansío cuando me invaden los recuerdos de montañas solitarias, de vastas llanuras soleadas con mares de hierba ondulada por el viento, de criaturas salvajes que brotan, y de hombres bronceados que cabalgan con total facilidad en caballos desaliñados y medio salvajes. Pero cuando vivía mucho tiempo en los campamentos de vacas, a menudo llevaba un volumen de Swinburne, como una especie de antiséptico para el polvo alcalino, el agua tibia y fangosa, el pan al sartén, el tocino de cerdo y el lavado de ropa empapada en sudor que era demasiado infrecuente.

Los padres y las madres inteligentes pueden entrenar a sus hijos para que primero practiquen, y luego disfruten, el uso necesario de la mente en forma continua para deleitarse con los buenos libros. Además, harán bien en proporcionar a cada niño o niña el dominio de al menos un idioma extranjero, de modo que, aparte de tener acceso a nuestra propia y noble literatura inglesa, también puedan aprovechar libros en otras lenguas. Los idiomas modernos se enseñan con tanta facilidad que quien realmente desee aprender uno de ellos puede lograr a corto plazo un dominio suficiente del mismo para leer libros ordinarios con una simpleza razonable; y luego es cuestión de práctica que cualquiera pueda disfrutar a fondo de la belleza y la sabiduría que aporta el conocimiento de la nueva lengua.

De vez en cuando el alma tiene sed de risa. No puedo imaginar a nadie tomando un curso de escritores humorísticos, pero no puedo simpatizar con quien no disfrute de vez en cuando a autores como Sydney Smith, John Phœnix, Artemus Ward y Stephen Leacock. Mark Twain en su mejor momento se distancia un poco de esto, casi tanto como Joel Chandler Harris. Oliver Wendell Holmes, por supuesto, es el filósofo risueño, el humorista en su máxima expresión, incluso si usamos la palabra "humor" solo en su sentido más moderno y limitado.

Un hombre con una afición real por los libros de diversos tipos descubrirá que sus diferentes estados de ánimo determinan qué libro necesita. En la tarde, cuando Stevenson representa el lujo del disfrute, se puede suponer con seguridad que Gibbon no servirá a tal propósito. Ni Hawthorne ni Jane Austen pueden suplir el efecto que genera leer *Guerra Peninsular* de Napier o las memorias de Marbot. *Montcalm and Wolfe* de Parkman o las historias de Motley sobre la República Holandesa difícilmente llenarán el alma de una persona que en un determinado día prefiera leer *Heimskringla*; y hay una sensación de desconexión si después de leer *Heimskringla* se empieza con *The Oxford Book of French Verse*.

Otro asunto que, dentro de ciertos límites bastante amplios, cada lector debe resolver por sí mismo es la línea divisoria entre (1) no saber nada sobre los libros actuales y (2) hundir el alma en el mar de insipidez que abruma al que lee *solamente* "los libros nuevos de última tendencia". Para mí, el título empleado por algunos revisores cuando hablan de "Los libros de la semana" condena de manera exhaustiva tanto a los libros como al revisor que está dispuesto a darles atención. Preferiría leer el título "Los libros de hace dos años". Probablemente valga la pena leer un libro de hace dos años que todavía merece la pena destacar; sin embargo, uno que solo puede catalogarse como el libro de la semana conviene tirarlo a la basura sin contemplaciones. Aun así, hay muchos libros nuevos que no tienen un valor permanente pero que merecen una lectura más o menos cuidadosa; en parte porque es bueno conocer algo de lo que interesa al público general y, en parte, porque estos libros, aunque sean de valor efímero, realmente pueden exponer algo genuino de una manera que conmueva en forma momentánea los corazones de todos nosotros.

Los libros de valor más permanente también pueden producir un consuelo de tipo no literario, justamente debido al interés literario que ostentan. Si algún ejecutivo se exaspera por las deficiencias del cuerpo legislativo con el que trata, permítanle estudiar el relato de Macaulay sobre la forma en que William fue tratado por sus parlamentos tan pronto como este último descubrió que, gracias a sus esfuerzos, ya no se encontraban ante el peligro inminente que representaban enemigos extranjeros. Es esclarecedor. Si algún hombre se muestra demasiado pesimista ante la degeneración de nuestra sociedad respecto a los estándares de sus antepasados, que lea *Martin Chuzzlewit*. Eso le dará consuelo.

Si la actitud de esta nación hacia los asuntos exteriores y la preparación militar en la actualidad parece desalentadora, un estudio de los primeros quince años del siglo XIX nos dará, de todos modos, cualquier consuelo que podamos obtener del hecho de que nuestros bisabuelos no fueron menos tontos que nosotros. Tampoco es necesario que nadie se limite únicamente a los asuntos de Estados Unidos. Si se siente tentado a idealizar el pasado, si los sentimentales buscan persuadirlo de que las "edades de la fe", los siglos XII y XIII, por ejemplo, fueron mejores que las nuestras, que lea cualquier libro digno de confianza sobre el tema: *Historia de la inquisición española* de Henry Lea, por ejemplo, o el resumen de Coulton sobre las memorias de Salimbene. Quedará desilusionado y estará devotamente agradecido de que su suerte se haya echado en la era actual, pese a todos sus defectos.

Sería inútil tratar de enumerar todos los libros que leo, incluso sus categorías. Lo anterior es una respuesta muy imperfecta a una pregunta que solo admite una respuesta de este tipo.

Qué alegría tan pura, cuando mis manos se abren
¡Los volúmenes, pequeños, raros y negros con oro empañado
se descubren!

Bibliomanía

JOHN FERRIAR

El Dr. John Ferriar (1761-1815) no solo fue un promotor tenaz de la mejora de la atención médica pública para los pobres a fines del siglo XVIII y principios del siglo XIX, sino que también fue aclamado como el inventor del término "bibliomanía" que acuñó en el momento de la bonanza europea por la recolección de libros entre los aristócratas y la clase media. Nacido en Oxnam, en las fronteras escocesas, se convirtió en un médico destacado en el hospital de Manchester. En un principio, Ferriar se concentró en la fiebre tifoidea, pero luego comenzó a dedicarse cada vez más a los problemas mentales y desarrolló un enfoque prematuro de la enfermedad basado en la siquiatría. En este poema alegre (1809) dedicado su amigo y compulsivo coleccionista de libros Richard Heber, miembro de la sociedad de bibliófilos más antigua del mundo, The Roxburghe Club, que continúa reuniéndose hoy, apuntó con humor a los coleccionistas de libros ricos que llevaron su obsesión demasiado lejos. De hecho, Heber fue uno de los fundadores de Roxburghe (para obtener una visión general completa, revisar The Early Roxburghe Club 1812-1835: Book Club Pioneers and the Advancement of English Literature *de Shayne Husbands) y su biblioteca fue descrita por su compañero Sir Walter Scott como la mejor del mundo. Al momento de su muerte, contenía alrededor de 150.000 libros, además de numerosos panfletos en sus casas en Inglaterra y en toda Europa. El poema de Ferriar inspiró al reverendo Thomas Dibdin, quien fundó las exclusivas reuniones de Roxburghe, para escribir el primer trabajo influyente sobre el tema un año después,* Bibliomania (*o* Book Madness).

La bibliomanía, una epístola dedicada al Sr. Richard Heber por el Dr. John Ferriar

Hic, inquis, Veto quisquam faxit Oletum. Pinge duos Angues[3]

Pers. Sat. 1. *l.* 108.

Qué deseos salvajes, qué tormentos inquietos se apoderan
Del hombre desventurado, que por la enfermedad del libro está
    atrapado,
Si la miserable Fortuna obstaculiza su mente generosa,
¡Y la Prudencia apaga la chispa que el cielo osa!
Con mirada melancólica, sus ojos angustiados contemplan
La copia del Princeps, revestida de azul y dorado,

Donde la estantería alta, con partición delgada,
Muestra los encantamientos tentadores
que en su interior aguarda:
La claridad con que Facardin vio, como dicen los doctos,
A Crystalline en el confinamiento.

No así unos pocos, por fortuna más felices,
Y bendecidos, como tú, con talento, riqueza y buen gusto,
Que se reúnen con nobleza y ademán juicioso

---

[3] "Aquí, dices, prohíbo que alguien se alivie. Pintar dos serpientes": la práctica de pintar dos serpientes, un símbolo sagrado, en los edificios era para disuadir al público de "aliviarse" en sus paredes, de la misma manera que el adorno de cruces en una pared podría convencer a un juerguista para encontrar otro, menos aparentemente sagrado, lugar para su "alivio".

Los tesoros de la Musa con aspecto elegante.
Para ti el monje iluminó su página ilustrada,
Para ti la prensa desafía los despojos de la edad acaecida;
Para ti FAUSTO torturas infernales fastidió,
Para ti ERASMO de inanición en la costa de Adria sufrió.
El FOLIO DE ALDO tus dichosos estantes llena,
Y la distinguida obra de ELZEVIR celebra, como duendes mágicos,
sus formas luminosas en medio de los Doce enchapados en oro:
Esbeltos los GIOLITOS brillan,
Y el audaz BODONI su línea romana sella.
Para ti el LOUVRE sus majestuosas puertas abre,
Y DIDOT a disposición sus brillantes tiendas cede:
Con clases impecables y brillantes esculturas onerosas,
el Quijote de IBARRA cautiva tu vista deslumbrante:
En espléndidas libretas tus bellezas y glorias LABORDE analizará,
¡aunque el pesar sobre España caerá!
Oh, nombre sagrado, el tema de los años futuros,
Embalsamado en sangre patriota, y las lágrimas de Inglaterra,
Sé tus nuevos honores de la lengua melodiosa,
¡Por las corrientes de Isis que el duelo de Sión vocaliza!

Pero enrevesados a menudo por la musa clásica,
El entusiasta y decidido camino del coleccionista entresaca:
Y primero la amplitud del margen su alma usa,
Pura, blanca, abierta, la clase de alegrías más generosa.
En vano podría Homero rodar la marea de la canción,
U HORACIO sonreír, o TULLY encantar a la aglomeración;
Si por la ira de Pallas la espada mordaz lo atraviesa
O demasiado oblicuo, o cerca, el borde traspasa,
El bibliómano exclama, con ojos demacrados,
"¡Sin margen!" se apresura y su adquisición rechaza.
Se gira donde PYBUS su cabeza de Atlas levanta,
O donde la masa de MADOC vetas de plomo oculta.
La línea brillante en orden pulido se distingue,
Mientras el amplio margen se difunde,

Al igual que los desechos rusos, que las profundidades heladas
     bordean,
con un resplandor pálido se enfrían y el sueño mortal arrullan.

O libros en inglés, descuidados y olvidados,
Alientan su deseo en muchos lugares polvorientos:
Cualquiera que fuere la basura que el solsticio de invierno dio al día,
O a los cantos con rimas de Harper, en el papel gris que concedía,
En cada subasta, empeñados en artículos nuevos,
Su catálogo con ojos ansiosos faculta:
Donde las cursivas delgadas la página marcan,
Curiosa y extraña su mente apasionada se involucra.
A diferencia de los cisnes, mencionados en la canción toscana,
Por la sombra del olvido se encamina,
Para arrebatar nombres más oscuros de la noche interminable,
Para devolverles a COKAIN o a FLETCHER la luz afable.
Ataviado de rojo marroquí le gusta presumir
Al asesino sangriento o al fantasma gemir;
O baladas sombrías, cantadas a multitudes de viejos,
Ahora compradas por tres veces su peso en oro a bajo precio.
Sin embargo, para los muertos deshonrados es sátira justa;
Una flora "que en su polvo florece y un dulce olor ostenta".
Así, incluso SHIRLEY presume una línea dorada,
Y LOVELACE arremete con una nota divina.
Los destellos desiguales como relámpagos de medianoche asoman,
Y la oscuridad profunda en lugar del día triunfa.
Pero la felicidad humana aún se enfrenta a una tormenta envidiosa;
Él se inclina para ver la figura de PAYNTER añosa:
Dolor presuntuoso, mientras que el gusto meditabundo reclama
¡Sobre las frágiles reliquias de sus santuarios venera!
O por ese poder, con el cual los magos desean,
¡Mirar a través de la tierra y descubrir los tesoros secretos que anhelan!
Desdeñaría tales gemas que Marinel contempló,
Y toda la riqueza que la caverna de Aladino poseyó,
Podría adivinar en qué misteriosa oscuridad

Los rollos de bardos sagrados su tumba clamó:
Debajo de qué torre que ha de enmohecer, o de qué campo abierto
    desperdiciado,
Se esconde MENANDER, de todos el más amado;
Donde descansa la lira olvidada de ANTIMACHOS,
Donde apacible el fuego de SAPFO todavía seduce con ira;
O él, de cuyas musas que ríen es dueño,
Sin embargo, hábil con los acentos más suaves para plañir
Filomela con su dulce voz canta con empeño.
La tarea servil ha provocado el flagelo de la razón,
Incluso OMAR quemó menos libros de ciencia que el espetón.
Los terremotos y las guerras su ira mortal remiten,
Pero cada festín una página predestinada exige.
Vosotras torres de Julio, solitarias permanecen
De todas las pilas que las marcas de nuestra nación enaltecen
Cuando el influjo de HARRY oprime el reino gimiente,
Y la codicia y el pillaje se hacen del timón tambaleante.
Entonces las malvadas manos desfiguraron los fanes sagrados,
Sus santas estatuas, y sus pisos legendarios;
Luego del cofre, con relieve de arte antiguo,
Los pergaminos piadosos de Penman fueron groseramente rotos;
Luego manuscritos suntuosos, profusamente difundidos,
Por el horno devorador de Churl fueron comidos:
Y por eso los coleccionistas fechan la ira celestial,
Que envolvió las cúpulas de Augusta en láminas de fuego bestial.

El gusto, aunque engañado, puede tener alguna finalidad,
Pero el hábito orienta una corriente cautivadora de libros con claridad.
Una vez, lejos de la tripulación abatida del aprendizaje,
La pretendiente viajera su zapato de tacón rojo exhibió,
Hasta que ORFORD se levantó, y habló de rimas con sus pares,
Repitiendo palabras nobles a oídos sin iguales;
Enseñó a la multitud gay a valorar un nombre altisonante,
"Ni se sonrojó para encontrarle fama" en un esfuerzo insignificante.
Ahora el vanidoso letrado tiene una relevancia mayor,

Con muebles clásicos diseñados por HOPE,
(HOPE, a quien los tapiceros miran con muda desesperación,
El valiente pedante en una silla apoya codos;).
Ahora abrigado por ORFORD y por GRANGER educado,
En los libros de papel, magníficamente dorados y labrados,
Pega, de volúmenes dañados recortados,
Sus *Cabezas inglesas*, en despliegue organizado.
Rasgado de su página de destino, (recompensa indigna
De consejo caballeresco y acto heroico)
Ni el trazo de FAITHORNE ni los propios formatos de FIELD
pueden salvar
Al galante VERE, y la valentía del tuerto OGLE.
Los lectores indignados buscan la imagen huida,
Y maldicen al tonto ocupado, con una cabeza pretendida.

Orgullosamente muestra, con muchas sonrisas alegres,
Los temas revueltos de la ilustración privada;
Mientras el tiempo sus acciones y sus nombres lamenta,
Sonríen para siempre en las hojas protegidas.

Como poetas, nacidos, en vano los coleccionistas se esfuerzan
Para cruzar su destino y al aprender el arte prosperan.
Al igual que Caco, inclinado para domar su voluntad luchadora,
La pasión del tirano los arrastra con acción gladiadora:
Incluso yo, excluido de la comodidad y las horas de estudio,
Confieso, con esfuerzo ansioso, sus poderes al asedio.
Qué pura la alegría, cuando mis manos se abren
¡Los volúmenes, pequeños, raros y negros con oro empañado se
    descubren!
El ojo se desliza inquieto, como la abeja errante
Sobre las flores de ingenio, la canción o la conversación inteligente,
Mientras dulce como la primavera, burbujeante con la piedra caliza,
Por el corazón un tema agradable y desconocido se desliza.
Ahora sumergido en el estilo conciso y clásico de ROSSI,
Sus cuentos inofensivos despiertan una sonrisa transitoria fácil.

Ahora los almacenes variopintos de BOUCHET mis pensamientos
    cautivan,
Con una lectura maravillosa y con bromas aprendidas.
Bouchet, cuyos tomos demandan una línea agradecida,
El valioso regalo de la mano liberal de STANLEY abriga.
Ahora tristemente complacido, a través de la Roma desvaída me
    descamino,
Y mezclo remordimientos con la poesía gentil de DU BELLAY abatido;
O cambio, con gran deleite, la página curiosa,
Donde el fuerte Pasquin desafía la furia que el pontífice osa.

Pero los esfuerzos de D-----n deberían relatar lo adverso,
Cuando el deber llama, ¡empedernido enemigo del verso!
Decir cómo "el demonio aplaude con sus manos de hierro".
"Agita sus esbeltas cerraduras y recorre las tierras con aferro".
Pese a las explosiones invernales o al fuego del verano
A escenas de peligro y a lugares de infortunio me encamino.
Incluso cuando en Margate cada Cockney vaga,
Y el poeta enfermo del cerebro arboledas abrazadoras halaga,
Cuyos tonos altos excluyen el resplandor del mediodía,
Mientras Céfiro respira y el agua trina, mi destino rígido evita, por
    tareas como estas,
Las reflexiones celestiales y la naturalidad con las letras.

Tales controles íntegros el mejor genio envía,
De ensayos extremos para proteger a nuestros amigos:
De lo contrario, cuando los ritos sociales renuevan nuestras alegrías,
El material de la Cartera su perspectiva alarmaría,
De ahí las rimas voleas tu paciencia superarían,
Y, a pesar de la amabilidad, con apuro de vuelta a casa te llevarían.
Entonces, cuando los pasos apresurados del viajero se deslizan
Cerca de la lava humeante, del lado de Vesubio,
Los truenos roncos de las profundidades proceden,
 Y los fuegos en llamas su ansiosa velocidad incitan.
Espantado vuela, mientras los ruidosos chubascos invaden,

Invocando a cada santo por ayuda sin desdén:
Sin aliento, asombrado, busca la orilla distante,
Y promete no tentar más al golfo rampante.

*Los libros usados en exceso de forma intempestiva
se convierten en las drogas más peligrosas*

Los usos de la lectura

RUDYARD KIPLING

Rudyard Kipling (1865-1936), reconocido por sus poesías y novelas como Kim *y* El libro de la selva, *también pronunciaba con frecuencia discursos para una amplia variedad de audiencias y hablaba sobre los numerosos temas en los que estaba interesado, como la política y el imperio, la cultura y la medicina. Pese a que hablar en público no era algo que lo entusiasmara, tenía un estilo de conversación ligero y sin explosiones oratorias (en YouTube se puede ver y escuchar un fragmento de él dando una charla en bit.ly/kiplingspeech), a menudo aprendiendo sus discursos antes de darlos. Recopiló 31 de sus discursos realizados entre 1906 y 1927, y los publicó bajo el título* A Book of Words *(1928). Estos abarcan sus principales intereses, como "Relaciones imperiales", "El espíritu de la Armada" y "Nuestras tropas indias en Francia", así como el que se reproduce a continuación, ofrecido a los alumnos en el Wellington College en mayo de 1912, que originalmente se llamaba "Las posibles ventajas de la lectura". Habló ante una audiencia de alrededor de 50 jóvenes, incluido su hijo adolescente John y, según la revista de la escuela, causó una gran impresión en los oyentes. Para tener más información sobre sus discursos, puedes visitar el sitio web www.kiplingsociety.co.uk y leer la segunda colección llamada* A Second Book of Words *(2008).*

Ustedes me han honrado al pedirme que lea un discurso durante esta velada. Antes de comenzar, debo confesar que es primera vez que leo uno en la escuela desde que fui miembro de la Sociedad de Historia Natural de mi propia escuela, cuando, por razones que no es necesario detallar, tenía que leer un discurso, me gustara o no.

Una cosa es escribir y otra muy distinta es leer. Y eso me lleva directo a lo que quiero hablar, que es el uso y el valor de una pequeña lectura.

Existe, o existió, la idea de que la lectura en sí representa un acto virtuoso y sagrado. No puedo estar de acuerdo con esto, porque me parece que el simple hecho de que un hombre sea aficionado a la lectura no prueba nada de una manera u otra. Puede que un hombre sea constitucionalmente perezoso; o puede que se sienta sobrecargado, y así se refugie en un libro para descansar. Puede que lo embriague la curiosidad y el asombro por la vida que empieza a vivir; y por eso puede que se aboque a cualquier libro en el que pueda poner en sus manos, para obtener poner sus manos, para obtener información sobre cosas que lo desconciertan, lo asustan o lo interesan.

Ahora, estoy muy lejos de decir que la literatura debería representar un interés fundamental en la vida de la mayoría de los hombres, o incluso en la vida de una nación. Pero un hombre que vive la vida sin el conocimiento de la literatura de su propio país y sin un conocimiento adecuado de los clásicos y el valor de las palabras, está tan discapacitado como un hombre que practica deportes o juegos sin saber lo que se ha hecho en estos deportes o juegos particulares, antes de que él entrara en escena. Él no está familiarizado con los antecedentes y, por lo tanto, no puede expresar ningún criterio. Tengo un libro en casa que ofrece un resumen con diagramas, de prácticamente todos los intentos de máquinas de movimiento perpetuo que se hayan inventado en los últimos doscientos años. Fue compilado con el propósito de ahorrarles problemas a los inventores; y el compilador dice en su prefacio: "Una de las falacias más groseras de la mente es dar por sentado que las ideas de construcción mecánica, aparentemente resultado de un accidente, deben ser necesariamente muy originales. La originalidad más dudosa es la que el inventor atribuye a su ignorancia de todos los planes anteriores, junto con su posición aislada en la vida".

Allí tiene precisamente la posición del hombre que no tiene conocimiento de literatura; ignorante, es decir, de todos los planes anteriores. Es más probable que un hombre así pierda su propio tiempo y la paciencia de sus amigos, quizás incluso ponga en peligro la seguridad de la comunidad, inventando planes para guiar sus propios asuntos o los de sus vecinos, que han sido juzgados, considerados insuficientes y descartados en algún momento durante estos milenios; y a cuyo registro –el diagrama y la especificación, por decirlo así– él podría remitirse si solo se hubiera tomado la molestia de leer.

Una de las cosas más difíciles de entender, especialmente para un jovencito, es que nuestros antepasados eran hombres activos que realmente sabían cosas, que irían más allá y que dirían que sabían mucho. De hecho, no debería sorprenderme si supieran tanto como nosotros sobre las cosas que realmente conciernen a los hombres. Lo que cada generación olvida es que, si bien las palabras que utiliza para describir ideas siempre cambian, las ideas en sí mismas no cambian con tanta rapidez, ni son ideas nuevas en ningún sentido.

Si no prestamos atención a las palabras, podemos llegar a ser como el caballero aislado que inventa una nueva máquina de movimiento perpetuo en líneas antiguas en ignorancia de todos los planes anteriores, y luego se sorprenda de que no funcione. Si limitamos nuestra atención por completo a la jerga del día, es decir, si nos dedicamos exclusivamente a la literatura moderna, podemos creer que el mundo está progresando cuando en realidad solo se está repitiendo. En ambos casos, es probable que seamos engañados, y lo que es más importante, que se engañe a los demás. Por lo tanto, es aconsejable para nosotros en nuestros propios intereses, aparte de las consideraciones de diversión personal, preocuparnos ocasionalmente con cierta cantidad de nuestra literatura nacional extraída de todas las edades. Digo de todas las edades, porque es solo cuando uno lee lo que los hombres escribieron hace mucho tiempo que uno se da cuenta cuán moderna es la mejor literatura de antaño.

Hace unos 1.500 años, algún escritor anglosajón vio o escuchó hablar (imagino que en aquellos días los hombres generalmente habían visto lo que escribían) sobre las ruinas de una antigua ciudad romana medio enterrada y hecha pedazos en la selva en algún lugar de la selva al sur de Inglaterra; con sus paredes divididas y cayendo; sus techos despojados de sus tejas; sus torres caídas y todos sus lujosos baños y arreglos de calefacción al descubierto. El hombre comienza a pensar en las personas que construyeron toda esta magnificencia y dice:

> La fuerza de la tierra se mantiene
> Los poderosos obreros
> Desgastados; se alejan
> En las garras de la tumba.

Luego piensa en el hombre fuerte que dominaba el lugar cuando se construyó por primera vez, muy probablemente era un prefecto romano, y lo describe de la siguiente manera:

> Hermoso y dorado, ataviado de forma estridente,
> Altivo y acalorado, brillando en su armadura.

Y a medida que el poema avanza, casi podemos ver la banda de cazadores o asaltantes anglosajones, que se han apresurado a través de los arbustos, y se paran, removiendo las espinas de sus piernas, en presencia de esta gran y misteriosa ciudad muerta. Hay un detalle que es exactamente lo que pensarían los hombres acalorados y sucios cuando vieran toda la parafernalia de los antiguos baños romanos:

> Había atrios de piedra.
> El vapor se apresuró,
> Con un gran remolino,
> Entre paredes cerradas.

Estaban los baños
Calientes para bañarse.
¡Eso fue una bendición a todas luces!

Todo es tan actual como el periódico de hoy por la tarde, pero con una frescura, una franqueza y una simplicidad que no es común en la labor moderna.

Tomaré otro ejemplo. Hace unos 500 años, Chaucer escribió un poema sobre cómo un hombre debe manejar su vida. El último verso del mismo reza lo siguiente:

Agradece lo que tienes
La lucha del mundo exige la caída.
Aquí no hay hogar, solo yermos:
¡Adelante, peregrino! ¡Adelante!
¡Bestia, sal de la guarida!
Mira el cielo y estale agradecido a tu Dios por todo.
Vive tus deseos y deja que tu fantasma te guíe [Esto quiere decir: refrénate y confía en tu espíritu]
Y la verdad te entregará, no hay temor.

Todo esto abarca absolutamente los pocos hechos de la vida que realmente importan.

Un último ejemplo. En el transcurso de su maravillosa carrera, Sir Walter Raleigh tuvo la oportunidad de escribir su opinión, como es posible que algún día lo hagan ustedes, sobre el valor de los fuertes para la defensa costera y portuaria. Bueno, su experiencia práctica le mostró, lo que olvidamos y en lo que solo reparamos hace unos años, que los simples fuertes en la tierra no son suficientes para mantener una defensa o bloqueo efectivo, a menos que tengan el apoyo de los barcos. Y él lo dice así. Pero él no lo dice como usted y yo lo haríamos. Por alguna razón inescrutable, los isabelinos, al parecer, no podían poner un lápiz sobre papel sin producir una prosa extraordinariamente buena. Entonces da sus razones y relata sus experiencias así:

"En esta época, un valiente y juicioso hombre de guerra no temerá pasar por el fuerte mejor designado de Europa, con la ayuda de una buena marea y una tormenta de viento; no, aunque cuarenta piezas de gran artillería abran sus bocas contra él y amenacen con destrozarlo. No pasó mucho tiempo desde que el duque de Parma, sitiando Amberes y no encontrando la posibilidad de dominarlo de otra manera que, por medio del hambre, dejó su cañón en la orilla del río tan bien dispuesto que pensó que era imposible que pasara incluso el más pequeño de los barcos. Sin embargo, los holandeses y zelandeses, sin estar destrozados por ningún viento de gloria, pero llegando al encuentro de un buen mercado para hacerse de mantequilla y queso –incluso los pobres asistían para sacar provecho, cuando todo era extremadamente caro en Amberes– pasaron en botes de diez o doce toneles, por la boca del cañón del duque en el desprecio de ellos, cuando un fuerte viento del oeste y la inundación les favoreció. Como también con un viento en contra y una marea menguante que los trajo de vuelta. Así que al final se vio obligado a construir su empalizada opuesta al río, para su maravilloso problema y carga. Es cierto que, donde un fuerte está tan establecido que no hay paso a su lado, o que los barcos se ven obligados a girar sobre una línea de proa hacia él, queriendo toda la ayuda del viento y la marea; allí, y en tales lugares, es de gran utilidad y temeridad. No funciona de otra manera".

Aquí les he dado tres especímenes de literatura, que no es precisamente moderna, en tres claves diferentes; la primera, que trata sobre algo concreto visto y llevado a la mente de un hombre; la segunda, que describe los pensamientos de un hombre sobre la conducta de su propia alma; y la tercera, que son los planes de un hombre práctico para lidiar con una situación real, una pieza, es decir, de puro intelecto.

Pero es muy posible que cuando vengan a leerlos, estos tres especímenes no parezcan atractivos para ustedes. No importa. Eso es solo una cuestión de temperamento; y no se puede culpar más a un hombre por no preocuparse por ciertos tipos de literatura que por no desarrollar un mejor gusto por la comida.

Pero su elección es prácticamente ilimitada; porque la literatura de nuestra Inglaterra está sembrada de extremo a extremo con una prodigalidad que casi espanta, sembrada de gemas, joyas, glorias y bellezas adaptadas a cada necesidad concebible que pueda surgir en el curso de la vida de cualquier ser humano. Sin embargo, le sacamos muy poco provecho. Es de nuevo, algo bastante natural. Si pudiéramos comprar conocimiento, prudencia, previsión y todas las virtudes elementales de ediciones literarias de siete peniques de autores comunes y corrientes, hace mucho tiempo que nos habríamos convertido en una raza de arcángeles insoportablemente perfectos. Y todavía estamos bastante más lejos de los ángeles. Sin embargo, es posible que nuestra lectura, si es que la leemos con prudencia, nos salve en cierta medida de algunos de los problemas graves; o, si nos metemos en problemas, como seguramente lo haremos, pueda enseñarnos cómo salir de ellos con decencia.

A continuación, menciono un ejemplo, que no tiene nada que ver con las palabras escritas directamente, que pone de manifiesto el valor extraordinario de llegar a la experiencia de otro hombre y usarla. Hace un tiempo conversé con nuestro mayor general y me dijo que cuando viajó por primera vez a la India como subalterno de artillería, con unos diecisiete años de edad, fue enviado al comando de su padre en Peshawur. Poco antes de eso, su padre había comandado una brigada en una de las grandes guerras de la frontera, cuya guerra, por decirlo suavemente, no había sido un éxito. El general a cargo de esas operaciones había ocupado una ciudad y había puesto sus armas en un lugar, su forraje y sus provisiones en otro, y había tratado de conservar más terreno del que podía con las tropas a su disposición.

Entonces el país se levantó a su alrededor y hubo una serie de incidentes lamentables (esa fue una campaña que, siempre he pensado, ayudó a provocar el motín indio). Bueno, se podrán imaginar cómo el joven subalterno, sentado al otro lado de la mesa de su padre en Peshawur, debe haber escuchado el fracaso de la campaña discutida desde todos los puntos de vista posibles por los camaradas de su padre que habían estado a su lado, mayores y coroneles de los viejos tiempos, cuando fumaban pipa de agua a principios de los años 50. Y podrán pensar en ellos lanzándole una palabra por aquí y por allá en medio de su charla diciendo: "Mira aquí, jovenzuelo, si alguna vez te atrapan en tal o cual posición, haces tal y tal cosa".

Luego, años más tarde, este joven subalterno de artillería se convirtió en un general al mando de un ejército y, por los designios de la guerra, se halló en el mismo terreno y en la misma ciudad en casi las mismas condiciones en las que había escuchado hablar en su juventud, cuando quienes habían participado en la antigua guerra relataban sus experiencias.

Dijo, contándome la historia: "Lo recordé todo. Puse mis armas, mi forraje y mis raciones donde pudiera alcanzarlas; y tuve mucho cuidado de no tratar de mantener más terreno del que tenía para las tropas; y me instalé con bastante comodidad. Envié un telegrama al Gobierno de la India diciéndoles exactamente cuánto tiempo podría aguantar, y eso fue todo". Por supuesto, había mucho más que eso, ahí estaba su propia genialidad, pero se puede advertir la tremenda ventaja que tuvo al contar con su experiencia de juventud. Es cierto que era conocimiento hereditario: más sensato y más memorable que cualquier cosa que probablemente hubiera sacado de un libro.

Pero la idea principal va en concordancia con lo que he estado hablando.

Si un hombre se aboca por completo a lo que lee, puede llegar a ser, por así decirlo, el descendiente espiritual hasta cierto punto de grandes hombres, y este vínculo, este vínculo hereditario espiritual, puede ayudar a orientarse en la dirección correcta en una determinada crisis o puede evitar que se deambule por períodos extensos de inactividad cuando, por así decirlo, solo estamos desplegándonos sin nada que defender.

¿Conocen esos sueños extraños en los que uno está medio despierto y sueña con el futuro, como una especie de historia sin palabras de las cosas que queremos hacer más adelante? Se vislumbran en una visión de una carrera gloriosamente exitosa en nuestra línea elegida con todo el mundo a nuestros pies, reconociendo por fin qué espléndidos compañeros éramos. Luego perdonamos a todos nuestros enemigos, después de haberles puesto los pies en el cuello; luego tomamos asiento creyéndonos un virrey, un legislador, un mariscal de campo o alguna nimiedad de ese tipo, ¡y nos despertamos! A veces los sueños tienen la capacidad de volverse realidad. Un hombre logra algo fuera de lo común; se encuentra cargado de tremendas responsabilidades y está a la espera de participar en una nueva empresa. Bueno, ese es el momento en que debería haberse provisto de todo el conocimiento y la fuerza que pueden extraerse de los libros nobles, para que lo que le haya sucedido no sea abrumador ni inesperado. Y para hacer eso, para mantener su alma en forma para todas las oportunidades, un hombre en ciertos momentos debe vincular su alma (no hay necesidad de contarle a todos sobre esto) a las mentes más equilibradas, más grandes, más honorables y más capaces del pasado. Puede ser una forma *snob* de decirlo, pero un hombre debe conocer a "las personas adecuadas" en el gran mundo de los libros, y estas le ayudarán a conocer el mundo en toda su amplitud. Los hombres les dirán que les ha llegado su hora cuando los convoquen repentinamente al poder y la gloria. ¡No se lo crean! En cualquier momento puede surgir una oportunidad. Puede que el superior de un empleado muera y lo deje a él a cargo temporalmente de un distrito de la mitad del tamaño de Francia con diez millones de personas viviendo allí. Una inundación, una tormenta, un brote de enfermedad pueden cambiar la posición, la perspectiva y la responsabilidad de un hombre entre el desayuno y el almuerzo. Uno nunca conoce la suerte, pero siempre debe estar preparado para ella. He visto a hombres de poco más de veinte años tener una oportunidad y aprovecharla. A modo de ejemplo, resultó que estaba en Bloemfontein después de un "incidente lamentable" llamado Sanna's Post, donde perdimos quinientos o seiscientos hombres y varias armas en una pequeña emboscada. Conocí a uno de los sobrevivientes unas horas después de que eso ocurriera. Le había ido muy bien en un esfuerzo desesperado, y lo había superado, luciendo exactamente como un hombre después de la última mitad de un juego realmente agitado. Su ropa estaba hecha pedazos, pero su temperamento era bastante positivo. Después de contar su historia, le pregunté: "¿Qué vamos a hacer al respecto?". Él respondió: "Oh, no lo sé. Gracias a Dios que tenemos en terreno a quinientos hombres tan buenos como ellos".

Luego fue a reportarse y ver si podía llegar a la columna que estaba de salida para ofrecer apoyo. Pero no media hora antes de que lo conocí, había visto a un caballero agitado azotando un caballo a lo largo de las praderas sudafricanas y me había dicho que "la flor del ejército británico había sido destruida". Aquí había dos hombres, bajo una severa tensión y emoción. Uno de ellos lanzó una cita constante de la antigua, aunque moderna, balada de "Chevy Chase" y continuó con su trabajo. El otro lo hizo peor al gritar lo que no era ni más ni menos que un título catastrófico de periódico; y, a juzgar por el ritmo al que viajaba, no creo que se haya presentado a trabajar esa noche.

Y eso me lleva a lo que temo considerarán más aburrido de lo habitual.

Ya he hablado de la conveniencia de que un hombre sepa algo sobre los clásicos. No tengo nada de origen griego. Lo mío se detuvo en un pequeño testamento griego un lunes por la mañana a la luz de gas antes del desayuno, y para el resto de mi conocimiento dependo de las versiones económicas de autores griegos y latinos publicados por Bohn. Pero obtuve la cuota ordinaria del latín, que termina con Virgilio y Horacio, especialmente con Horacio. No finjo que me haya gustado, más de lo que debería haberme gustado cualquier otra cosa que pretendía ser educación, pero si lo recuerdo ahora, me parece valioso.

Creo en la importancia de que un hombre considere algunos clásicos de juventud, aunque, hasta donde sus ancestros pueden ver (pero no creo que los ancianos sean los jueces), no haya un resultado visible. Los hombres nos dicen que lo que queremos hoy en día es una educación moderna y científica, algo que sea de uso inmediato para un hombre en "la batalla de la vida". Dicen que se puede enseñar a un niño de doce años tanto latín como el escolar público promedio adquiere al término de los siete años; y el resto del tiempo podría dedicarse al estudio de lenguas y ciencias modernas y las cosas que le son de uso inmediato. No tengo la menor duda de que podrían. Cualquier niño de doce años podría inmortalizar con una cámara fotográfica alguna obra maestra de la escultura griega en menos tiempo de lo que demoraría el artista más inteligente del mundo en comenzar a dibujarla. Cualquier estudiante inteligente que sea el orgullo de una escuela preparatoria podría en dos semestres aprender las veinte o treinta contrariedades y las finales de las citas, las etiquetas en latín a medio recordar, que representan lo que la mayoría de nosotros se lleva de la escuela. Conozco a un hombre que hizo algo más que esto.

Era un maravilloso erudito griego y en la escuela y en la universidad se quedó con todas las becas y medallas de oro posibles, y antes de cumplir los veinticinco años fue nombrado profesor de su propia universidad. Luego convocó a uno de los catedráticos que era tanto filósofo como académico. El anciano le formuló algunas preguntas en tono educado. Luego replicó: "Conoces a Platón, por supuesto". Mi amigo de una manera modesta dijo que pensaba que sí. Rondaba en su cabeza la idea de que conocía a Platón mejor que la mayoría de los hombres de su tiempo. "Bueno", dijo el anciano, "¿de qué se trata?".

Mi amigo se rascó la cabeza un poco. Luego se dio cuenta lentamente de que él, literal y absolutamente, no sabía de qué se trataba Platón. Sabía casi todo lo demás relacionado con el caballero, pero para decirlo más o menos, lo que buscaba Platón, el rol que jugaba en el mundo, mi amigo lo desconocía. Luego se sentó y comenzó a pensar de qué se trataba Platón. Sigue pensando en ello.

Tengo la idea de que nuestro niño inteligente de doce años sería más bien como mi amigo de la universidad pero sin su voluntad de volver y pensar. Probablemente, él conocería sus citas con mayor exactitud que nosotros por un tiempo; pero dudo que supiera de qué se trataban. No serían parte de su sistema, incorporado en siete años. No volverían a él de manera inconsciente, y ciertamente su espíritu no lo haría.

Atribuyo cierta importancia al espíritu de algunas etiquetas y citas latinas antiguas. Algunos de ellas, de no más de tres líneas de largo, le dan a uno la esencia misma de lo que un hombre debe intentar hacer. Otras, igualmente breves, nos permiten comprender de una vez por todas las cosas que un hombre no debe hacer, bajo ninguna circunstancia. Hay otras –versos de odas de Horacio en mi caso– que hacen que uno advierta la hermandad de la humanidad en tiempos de tristeza o aflicción, como ninguna palabra en ninguna otra lengua puede hacerlo. Pero los hombres dicen que uno puede obtener las mismas cosas de una manera más fácil y en una lengua viva. Dicen que no tiene sentido arrastrar a los hombres hacia la gramática y la interpretación durante años y años, cuando al final, todo lo que pueden producir ("producir" es una buena palabra) es una traducción que haría a Virgilio, Horacio o Cicerón retorcerse en sus tumbas. Aquí está mi defensa de esta supuesta malvada pérdida de tiempo. La razón por la que uno tiene que analizar, interpretar y pulverizar las lenguas muertas en las que se expresan ciertas ideas, no es por el bien de lo que se llama entrenamiento intelectual, que puede darse de otras maneras, sino porque solo en esa lengua esa idea se expresa con absoluta perfección. Si no fuera así, las odas de Horacio no habrían sobrevivido (la gente no participa en una conspiración para mantener las cosas tal y como están). Les concedo que el tipo de traducciones que uno provee en la escuela es muy malo.

Están forzadas a ser así, porque uno no puede volver a expresar una idea que se ha expuesto con perfección (los hombres trataron de hacer esto, por cierto, en la versión revisada de la Biblia. No lo lograron). Sin embargo, por un conocimiento doloroso y laborioso del mecanismo de esa lengua en particular; haciendo que la despedacen y la vuelvan a armar, y solo por ese medio; podemos llegar a un estado mental en el que, aunque no podemos volver a expresar la idea con las palabras adecuadas, podemos saber, sentir y absorber la idea. Por decirlo de alguna manera.Nadie puede jugar al críquet como Ranji lo hizo en su mejor momento. Pero para apreciar el juego de Ranji; para obtener lo suficiente de este para tratar de mejorar el de ustedes; deben haber jugado al críquet durante más de dos temporadas.

Nuestros ancestros no eran tontos. Sabían lo que, creo, estamos en peligro de olvidar: que todo el trasfondo de la vida, en derecho, administración civil, conducta de la vida, los términos de la justicia, los términos de la ciencia, el valor del gobierno, son las murallas eternas de Roma y Grecia, el padre y la madre de la civilización. Y por esa razón, antes de preparar a un hombre para la vida en general, acordaron que no solo debía entender, sino que también asimilar (a través de su piel si es necesario) el hecho de que Grecia y Roma estaban allí. Ellos sabían que, más tarde, él descubriría por sí mismo cuánto y cuán importantes eran, y que todavía están vigentes. Hace algún tiempo tuve el honor de conocer a un estadista que se había encargado de una parte importante del Imperio. Era un anciano, educado en la vieja escuela, que, hablando sobre este mismo tema, dijo: lo siguiente: "Todo lo que adquirí de la escuela y la universidad fue el hecho de que alguna vez hubo pueblos que no hablaban nuestra lengua y que se dedicaron con firmeza a los sacrificios y los rituales, particularmente a las comidas, cuyos dioses eran diferentes a los nuestros y tenían opiniones estrictas sobre la disposición de los muertos. Bueno, ya sabes, es todo lo que vale la pena saber si alguna vez tienes que gobernar la India".

Nunca he tenido que gobernar la India, pero estoy bastante de acuerdo con él.

Vale la pena tener un cierto conocimiento de los clásicos, porque les hace darse cuenta de que todo el mundo no es como nosotros en todos los aspectos y, sin embargo, en asuntos que realmente competen a la vida interior de un hombre, ni los estándares ni el juego han cambiado.

Supongo que debería disculparme por la actitud que he tomado. Ciertamente me disculpo por tomar tanto tiempo para explicarlo. Ahora volveremos a las escenas más tranquilas. Permítame asegurarles para su consuelo que no se puede enseñar literatura a quien no quiere saber nada al respecto. Las piezas o los períodos se pueden establecer y estudiar con notas, pero eso, gracias a Dios, es lo peor que puede pasar.

No se pueden recetar libros, ni siquiera los mejores, a las personas a menos que se sepa mucho sobre cada una. Si un hombre está interesado en leer, creo que debería abrir su mente a un hombre mayor que lo conozca y sepa de su vida, y seguir su consejo en el asunto, y, sobre todo, discutir con él los primeros libros que le interesen.

Esta idea se aplica solo a los llamados autores comunes y corrientes, y es solo una teoría mía. No sé cómo funcionarían con ustedes los dramaturgos isabelinos. No deben temerles a las modas. Lo que hay que recordar es que todas las cosas de primer nivel son tan buenas, tan nuevas y tan frescas ahora como el día en que se crearon.

Sin embargo, hay algunas cosas que un hombre no puede discutir con nadie, y no es correcto que deba hacerlo. Hay momentos, estados de ánimo y períodos de depresión, y desesperación y malestar mental general que, por conveniencia, llamamos mal humor. Pero en lo que respecta a mi experiencia, ese es el momento en que un hombre está particularmente abierto a la influencia de un libro, como lo está a cualquier otra influencia externa; y, además, ese es solo el momento en que él natural e instintivamente no quiere nada de una naturaleza que agite el alma. Entonces es hora de recurrir a los libros que, ni pretenden ser ni son aceptados como obras maestras, sino libros cuyo tono y temperamento alivian sus problemas en el momento. Un hombre que los conoce y sabe de su vida puede recomendarles determinados libros. Pídanselo.

En lo que deben tener cuidado es lo siguiente: cuando se encuentren en ese estado de ánimo, salir de él apenas mejore y no seguir soñando con libros porque se adaptan a ese estado de ánimo o porque sirven a su propia vanidad. Ha habido algunos grandes soñadores en el mundo que han logrado grandes cosas para el mundo; pero por cada soñador cuyos sueños han sido buenos, o al menos no han sido dañinos, hay miles que han sido un obstáculo para ellos mismos, un gasto para sus familias y una molestia para la humanidad. Los libros usados en exceso en forma intempestiva se convierten en las drogas más peligrosas, y existe un tipo de libro –moderno, lamento decir– que debe evitarse cuando nuestra mente está un poco indispuesta. De vez en cuando uno lee en el periódico sobre jóvenes audaces de diez años yendo por la vida con una navaja y peniques de cobre, cometiendo crímenes de diversa naturaleza y que luego son llevados a la corte, llorando, por un policía. Y el magistrado dice que ese es el triste resultado de leer *Deadwood Dick* o *The Terror of Bloody Gulch*. Es terrible darse cuenta de que está lleno de obras modernas que prácticamente no ofrecen más que un personaje de ficción y una historia vaga con sabor a gusto moderno. Llenan la mente, están pensadas para llenar la mente, con muchas ideas vagas y vacías que uno puede comenzar a hacer milagros o beneficiar a sus semejantes (que es lo que se estila en este momento), sin entrenamiento ni equipo de ningún tipo, excepto el deseo de asombrar al mundo y mostrar independencia, igual que el niño con la navaja y las monedas de cobre robadas. Es poco probable que se crucen con estos libros, pero si lo hacen, antes de leerlos, observen a los hombres que hablan de ellos y los recomiendan. Si les parece que son el tipo de hombre con el que les gustaría estar en una situación difícil o a quien recurrirían si estuvieran en problemas, entonces léanlos. Tal como dijo Sir Walter Raleigh: "No funciona de otra manera".

La mayoría de ustedes experimentará lo que se denomina "la vida activa", en la que descubrirán que tendrán que pensar más, con más atención y más rápido que la mayoría de los hombres que se dedican a lo que amablemente se denomina "la vida intelectual". Pensar más, porque estarán pensando en personas, no en libros; con más atención, porque sus pensamientos se traducirán, quizás varias veces al día, en acciones que pueden afectar la vida y los intereses de las personas; y más rápido, porque, incluso si eventualmente no cometen errores espantosos, es posible que deban modificar sus planes sin previo aviso para lidiar con una situación diferente. Por cierto, tendrán que expresar sus pensamientos, deseos y disposiciones tanto en el habla como en la escritura con mucha más claridad que el literato promedio, y en circunstancias que no se prestan exactamente a un pensamiento claro o una escritura fácil. Para un comandante es casi igual de terrible no contar con palabras expresivas escritas (no habladas) a su orden que no tener hombres. Con suerte, siempre pueden sacar a algunos hombres de los hospitales o del Cuerpo de Servicio del Ejército; pero si envían un informe que nadie puede entender, porque no tienen las palabras para explicar su caso, pueden perder a mil hombres en media hora. Por lo tanto, deben obtener sus palabras y un conocimiento práctico del uso de ellas. Y las palabras salen de la literatura, incluso si no la utilizan.

Aquellos de ustedes que ingresen al Servicio descubrirán que, a pesar de los aviones, tendrán que adivinar, la mayor parte del tiempo, lo que está sucediendo detrás de la próxima colina; y este no es solo un asunto de guerra sino también de vida. Y aquellos que han leído Green Curve, un libro espléndido, saben que tendrán que pensar lo mismo que piensa su contrincante. Y eso lo deben hacer tanto en la vida como en el Servicio.

Bueno, la mitad de la literatura está dedicada a crear historias ficticias y la otra mitad se dedica a plasmar la realidad del ser humano en todo su espectro y a retratar cómo este responde ante la vida. La vida es demasiado corta para encontrar historias individuales; pero, más allá de toda la ayuda que podamos obtener de nuestro entrenamiento común, de nuestra conexión con expertos y de nuestra experiencia muy limitada, podemos obtener de la literatura algunas ideas generales y fundamentales sobre cómo los mejores personajes han jugado el gran juego de la vida.

El hombre que escribe para tontos siempre tendrá asegurada una gran audiencia

Sobre los libros y la lectura

ARTHUR SCHOPENHAUER

¿Por qué leemos? ¿Cómo deberíamos leer? ¿Es malo leer demasiado? Arthur Schopenhauer (1788-1860), filósofo alemán y autor de El mundo como voluntad y representación *(uno de los textos favoritos de Hitler) es conocido por sus especulaciones filosóficas bastante sombrías y por su desarrollo de la teoría del voluntarismo metafísico. No todo el mundo lo admiraba.*

Bertrand Russell opinaba que era "difícil encontrar en su vida evidencias de alguna virtud, excepto la amabilidad hacia los animales", pero León Tolstói quedó muy impresionado con él y Marilyn Monroe estuvo lo suficientemente interesada en sus opiniones como para tener una copia de La filosofía de Schopenhauer *de Irwin Edman. Schopenhauer era ciertamente un lector entusiasta y su madre Johanna, además de ser una de las autoras más famosas de Alemania a principios del siglo XIX, dirigió un salón literario de gran prestigio. En su ensayo "Sobre los libros y la lectura", es especialmente despiadado con los efectos de los libros malos ("esas malas hierbas de la literatura que extraen alimento del maíz y lo ahogan") e indica cuáles son a su parecer los clásicos que vale la pena seguir leyendo. Los favoritos de Schopenhauer fueron los antiguos sánscritos* Upanishads *y el aforístico del siglo XVII de Baltasar Gracián,* El arte de la sabiduría mundana, *que tradujo del español al alemán.*

La ignorancia es humillante solo cuando se encuentra en compañía de riquezas. La pobreza y la necesidad frenan al ser humano empobrecido: el trabajo se apodera de sus pensamientos y esta toma el lugar del conocimiento. Sin embargo, los hombres ricos que son ignorantes viven solo para sus deseos, y son como las bestias del campo; como se puede ver a diario, y también se les puede reprochar el no haber usado la riqueza y el ocio para aquello que les brinda su mayor valor.

Cuando leemos, otra persona piensa por nosotros: simplemente repetimos su proceso mental. Al aprender a escribir, el alumno repasa con su bolígrafo lo que el profesor ha esbozado con lápiz; lo mismo ocurre en la lectura, la mayor parte del trabajo de pensamiento ya está hecho para nosotros. Es por eso que nos alivia tomar un libro después de haber estado ocupados con nuestros propios pensamientos. Y en la lectura, la mente es, de hecho, solamente el patio de recreo de los pensamientos de otros.

Por lo tanto, si alguien pasa casi todo el día leyendo y, mediante la relajación, dedica los intervalos a un pasatiempo irreflexivo, pierde gradualmente la capacidad de pensar; así como el hombre que siempre monta, al final olvida cómo caminar. Es el caso de muchas personas instruidas: la lectura las ha vuelto estúpidas. Al dedicar cada momento libre a la lectura, y no hacer nada más que leer, la mente se paraliza más que si un hombre realizara trabajo manual constante, pues esto al menos les permite abocarse a sus propios pensamientos. Un resorte que nunca se libera de la presión de algún cuerpo extraño pierde finalmente su elasticidad; y también lo hace la mente si los pensamientos de otras personas se ven constantemente forzados a ello. De la misma manera que usted puede dañar su estómago y el cuerpo si se nutre demasiado, también puede desbordar y ahogar la mente al alimentarla demasiado. Cuanto más lee, menos huellas deja en lo que ha leído: la mente se vuelve un pozo sin fin de letras. No hay tiempo para reflexionar, y no hay manera de que pueda asimilar lo que ha leído.

Si sigue leyendo una y otra vez sin dejar que operen sus propios pensamientos, lo que ha leído no puede arraigarse, y por lo general termina perdiéndose. De hecho, ocurre lo mismo con la comida mental que con la corporal: apenas se asimila la quinta parte de lo que uno ingiere. El resto transcurre en evaporación, respiración y otros.

El resultado de todo esto es que los pensamientos escritos en papel no son más que pasos en la arena: ve el camino que ha tomado el hombre, pero para saber lo que él vio en su caminata, necesita sus ojos.

No hay calidad de estilo que se pueda obtener leyendo escritores que la posean; ya sea la persuasión, la imaginación, el don de hacer comparaciones, la audacia, la amargura, la concisión, la gracia, la facilidad de expresión o de ingenio, los contrastes inesperados, de manera lacónica o ingenua, y cosas como esas. Pero si estas cualidades ya están en nosotros, es decir, existen, posiblemente, podemos invocarlas y llevarlas a la conciencia; podemos conocer los propósitos que se les adscribe; podemos sentirnos fortalecidos en nuestra inclinación a usarlos, o tener valor para hacerlo; podemos juzgar con ejemplos el efecto de aplicarlos, y así adquirir el uso correcto de ellos; y, por supuesto, es solo cuando hemos llegado a ese punto que realmente poseemos estas cualidades. La única manera en que la lectura puede formar estilo es enseñándonos el uso al que podemos poner nuestros propios dones naturales. Debemos tener estos dones antes de comenzar a aprender el uso de ellos. Sin ellos, la lectura no nos enseña más que gestos fríos y muertos, y nos hace imitadores superficiales.

Los estratos de la tierra preservan en hileras a las criaturas que vivieron en épocas anteriores; y la variedad de libros en los estantes de una biblioteca almacena de la misma manera los errores del pasado y la forma en que han sido expuestos. Al igual que esas criaturas, ellos también estaban llenos de vida en su tiempo e hicieron mucho ruido; pero ahora están rígidos y fosilizados, y son objeto de curiosidad solo para el paleontólogo literario.

Según Heródoto, Jerjes lloró a la vista de su innumerable ejército, pensando que de todos aquellos hombres no quedaría uno solo vivo en cien años. ¿Quién no llorará también, a la vista de un espeso catálogo de libros nuevos, pensando que, de todos esos libros, tal vez no quedará uno solo vivo en diez años?

Pasa en la literatura y en la vida: donde quiera que vaya, se topa a la vez con la mafia incorregible de la humanidad, pululando en todas direcciones, amontonándose y ensuciándolo todo, como moscas en verano. De ahí la cantidad, que ningún hombre puede contar, de libros malos, esas malas hierbas de literatura, que se nutren del maíz y lo ahogan. El tiempo, el dinero y la atención del público, que con razón pertenecen a los buenos libros y sus nobles objetivos, los toman para sí mismos: están escritos con el solo propósito de ganar dinero o hacerse de lugares. Por lo tanto, no solo son inútiles; sino que también hacen jugarretas positivas. El 90% de toda nuestra literatura actual no tienen otro objetivo que sacar unos pocos chelines del bolsillo del público; y para este fin colaboran el autor, el editor y el revisor.

Permítanme mencionar un truco astuto y malvado, aunque rentable y exitoso, practicado por literatos, escritores aficionados y autores que han producido muchos volúmenes. Sin tener en cuenta el buen gusto y la verdadera cultura de la época, han logrado que todos estén capacitados para leer en su momento, y todos lo mismo, a saber, *los libros más nuevos*; con el propósito de obtener una herramienta de conversación en los círculos en los que se mueven. Este es el objetivo al que sirven las malas novelas, producidas por escritores que alguna vez fueron célebres, como Spindler, Bulwer Lytton y Eugene Sue. ¿Qué puede ser más miserable que el público lector como este, siempre obligado a leer los últimos trabajos de personas extremadamente comunes que escriben solo por dinero y que, por ende, no son pocas? Y por este beneficio, se contentan con conocer el nombre de aquellas obras de las mentes superiores de todas las edades y todos los países. Los periódicos literarios también son un dispositivo singularmente astuto para robarle al público lector el tiempo que, si se quiere obtener cultura, debería dedicarse a las producciones genuinas de literatura y no a las personas comunes y corrientes.

Por lo tanto, con respecto a la lectura, es muy importante poder abstenerse. La habilidad para hacerlo consiste en no tener en nuestras manos ningún libro simplemente porque en ese momento todo el mundo lo lee; tales como folletos políticos o religiosos, novelas, poesía y similares, que hacen ruido, e incluso pueden llegar a tener varias ediciones en el primer y último año de su existencia. Considere, más bien, que el hombre que escribe para tontos siempre tendrá asegurada una gran audiencia; tenga cuidado de limitar su tiempo para leer, y dedíquelo exclusivamente a las obras de esas grandes mentes de todos los tiempos y países, que apoyan al resto de la humanidad, a quienes la voz de la fama señala como tales. Solo estos realmente educan e instruyen. Nunca se leerá demasiado poco lo malo, ni con exceso lo bueno. Los libros malos son veneno intelectual; destruyen la mente.

Debido a que la gente siempre lee lo nuevo en lugar de lo mejor de todos los tiempos, los escritores permanecen en el círculo estrecho de las ideas que prevalecen en su época; y así el período se hunde más y más en su propio lodazal.

En todo momento hay dos literaturas en progreso, avanzando a la par, pero poco conocidas entre sí; una es real, la otra es solo aparente. La primera se convierte en literatura permanente; la anhelan quienes viven *para* la ciencia o la poesía; su curso es sobrio y tranquilo, pero extremadamente lento; y produce en Europa apenas una docena de obras en un siglo; estas, sin embargo, son permanentes. El otro tipo de literatura lo anhelan personas que viven *de* la ciencia o la poesía; va a toda marcha con mucho ruido y gritos de partidarios; y cada doce meses sitúa mil obras en el mercado. Pero después de unos años, uno se pregunta: ¿Dónde están? ¿Dónde está la gloria que llegó con tanta presteza e hizo tanto clamor? Este tipo de literatura puede catalogarse como literatura fugaz.

En la historia de la política, medio siglo es siempre un tiempo considerable; la situación que la forma siempre está en movimiento; siempre hay algo que hacer. Sin embargo, en la historia de la literatura a menudo hay un punto muerto durante el mismo período; no pasa nada, porque los intentos torpes no cuentan. Usted está justo donde se encontraba hace cincuenta años.

Para explicar lo que quiero decir, permítanme comparar el avance del conocimiento entre la humanidad con el curso tomado por un planeta. Los caminos falsos en los que generalmente entra la humanidad después de cada avance importante son como los epiciclos en el sistema ptolemaico, y después de pasar por uno de ellos, el mundo está justo donde estaba antes de entrar. Pero las grandes mentes, que realmente llevan la carrera más allá en su curso, no la acompañan en los epiciclos que hace de vez en cuando. Esto explica por qué la fama póstuma a menudo se compra a expensas de los elogios contemporáneos, y *viceversa*.

Un ejemplo de tal epiciclo es la filosofía iniciada por Fichte y Schelling, y coronada por la caricatura de Hegel. Este epiciclo era una desviación del límite al que Kant había llevado finalmente la filosofía; y en ese momento le volví a tomar para llevarle más lejos. En el período intermedio, los falsos filósofos que he mencionado y otros pasaron por su epiciclo, que acababa de terminar; para que aquellos que los acompañaron en su curso sean conscientes del hecho de que están exactamente en el punto en el que partieron.

Esta circunstancia explica por qué es que, cada treinta años más o menos, la ciencia, la literatura y el arte, como se expresa en el espíritu de la época, se declaran en quiebra. Los errores que aparecen de vez en cuando alcanzan tal altura en ese período que el simple peso de su absurdo hace que la tela se caiga; mientras que la oposición a ellos ha ido cobrando fuerza al mismo tiempo. Entonces se produce malestar, seguido a menudo por un error en la dirección opuesta. Exhibir estos movimientos en su retorno periódico sería el verdadero objetivo práctico de la historia de la literatura, sin embargo, se le presta poca atención.

Además, la duración relativamente corta de estos períodos hace que sea difícil recopilar los datos de épocas pasadas, por lo que es más conveniente observar cómo se encuentra el asunto en nuestra propia generación. Un ejemplo de esta tendencia, extraída de la ciencia física, se presenta en la geología neptuniana de Werner.

Pero permítanme seguir estrictamente el ejemplo citado arriba, el más cercano que podemos tomar. En la filosofía alemana, a la brillante época de Kant le siguió inmediatamente un período que pretendía ser más bien imponente que convincente. En lugar de ser minucioso y claro, trató de ser deslumbrante, hiperbólico y, en un grado especial, ininteligible; en lugar de buscar la verdad, intrigó. La filosofía no podía progresar de esta manera; y por fin toda la escuela y su método se declararon en quiebra. Porque el desencanto de Hegel y sus compañeros llegó a tal punto, ya sea porque hablaban tonterías sofisticadas, o estaban inescrupulosamente inflados, o porque el objetivo de este hermoso trabajo era bastante obvio, que al final allí no había nada que impidiera que la charlatanería de todo el negocio se manifestara a todos: y cuando, como consecuencia de ciertas revelaciones, se retiró el favor que había disfrutado en los barrios altos, el sistema fue abiertamente ridiculizado. Esta filosofía, la más miserable de todas las filosofías escasas que alguna vez existieron, fracasó y arrastró al abismo del descrédito a los sistemas de Fichte y Schelling que la habían precedido. Y así, en lo que respecta a Alemania, la total incompetencia filosófica de la primera mitad del siglo que siguió a Kant es bastante clara: y aun así los alemanes se jactan de su talento para la filosofía en comparación con los extranjeros, especialmente desde que un escritor inglés ha sido tan maliciosamente irónico como para llamarlos "una nación de pensadores".

Para ver un ejemplo del sistema general de epiciclos extraídos de la historia del arte, mire la escuela de escultura que floreció en el siglo pasado y tomó su nombre de Bernini, más especialmente en el desarrollo del mismo que prevaleció en Francia.

El ideal de esta escuela no era la belleza antigua, sino la naturaleza común: en lugar de la simplicidad y la gracia del arte antiguo, representaba los modales de un minueto francés.

Esta tendencia se fue a la quiebra cuando, bajo la dirección de Winkelman, se gestó un retorno a la escuela de antigüedades. La historia de la pintura proporciona una ilustración en el primer cuarto de siglo, cuando el arte era visto simplemente como un medio e instrumento del sentimiento religioso medieval, y sus temas, en consecuencia, extraídos solo de temas eclesiásticos: estos, sin embargo, fueron tratados por pintores que no tenían la verdadera seriedad de la fe, y en su engaño siguieron a Francesco Francia, Pietro Perugino, Angelico da Fiesole y otros, y los calificaron mejor incluso que a los grandes maestros que les sucedieron. En vista de este terror, y porque en la poesía un objetivo análogo había encontrado favor al mismo tiempo, Goethe escribió su parábola *Pfaffenspiel*. Esta escuela también obtuvo la reputación de ser caprichosa, se declaró en bancarrota y le siguió un regreso a la naturaleza, que se proclamó en imágenes de *género* y escenas de la vida de todo tipo, pese a que de vez en cuando se desviaba hacia lo vulgar.

El progreso de la mente humana en la literatura es similar. La historia de la literatura es, en su mayor parte, como el catálogo de un museo de deformaciones: el espíritu con el que se mantienen mejor es la piel de cerdo. No es necesario buscar allí a las pocas criaturas que han nacido en buena forma. Todavía están vivas, y se encuentran en todas partes del mundo, inmortales y con sus años siempre imperecederos. Solo ellas forman lo que he llamado literatura real; la historia, pobre como lo es en las personas, la conocemos en nuestra juventud por la boca de todas las personas educadas, antes de que las compilaciones nos la cuenten.

Como antídoto a la monomanía prevaleciente por leer historias literarias, para poder hablar de todo, sin tener ningún conocimiento real, permítanme referirme a un pasaje de las obras de Lichtenberg (vol. II., p. 302), que bien vale la pena leer.

Creo que la familiaridad breve con la historia de la ciencia y el aprendizaje, que es una característica tan frecuente en nuestros días, es muy perjudicial para el avance del conocimiento mismo. Es un placer seguir esta historia; pero, de hecho, deja la mente, no vacía de hecho, sino que, sin ningún poder propio, solo porque la llena. Quien haya sentido el deseo, no para llenar su mente, sino para fortalecerla, para desarrollar sus facultades y aptitudes y, en general, para ampliar sus poderes, habrá descubierto que no hay nada tan debilitante como el coito con un supuesto literato, sobre una cuestión de conocimiento en la que no ha pensado en absoluto, aunque conoce mil pequeños hechos relacionados con su historia y literatura. Es como leer un libro de cocina cuando se tiene hambre. Creo que la llamada historia literaria nunca prosperará entre las personas reflexivas, que son conscientes de su propio valor y del valor del conocimiento real. Estas personas están más dedicadas a emplear su propia razón que a preocuparse por saber cómo otros han empleado la suya.

Lo peor de todo es que, como descubrirá, cuanto más conocimiento toma la dirección de la investigación literaria, menor es el poder de promover el conocimiento; lo único que aumenta es el orgullo de poseerlo. Dichas personas creen que poseen conocimiento en mayor grado que aquellos que realmente lo poseen. Seguramente es una observación bien fundada, que el conocimiento nunca enorgullece a su poseedor. Aquellos que solo se dejan llevar por el orgullo, incapaces de extender el conocimiento en sus propias personas, se dedican a aclarar puntos oscuros en su historia o son capaces de relatar lo que otros han hecho. Están orgullosos porque consideran que esta ocupación, que es principalmente de naturaleza mecánica, es la práctica del conocimiento. Podría ilustrar lo que quiero decir con ejemplos, pero sería una tarea insufrible.

Aun así, desearía que alguien intentara una historia *trágica* de la literatura, relatando la forma en que los escritores y artistas, que forman la posesión más orgullosa de las diversas naciones que les han dado a luz, han sido tratados por ellos durante sus vidas.

Tal historia exhibiría la guerra incesante, que lo que fue bueno y genuino en todos los tiempos y países ha tenido que lidiar con lo que era malo y perverso. Relataría el martirio de casi todos aquellos que verdaderamente iluminaron a la humanidad, de casi todos los grandes maestros de todo tipo de arte: nos mostraría cómo, con pocas excepciones, fueron atormentados hasta la muerte, sin reconocimiento, sin simpatía, sin seguidores; cómo vivían en la pobreza y la miseria, mientras que la fama, el honor y las riquezas eran la suerte de los indignos; cómo su destino fue el mismo que el de Esaú, a quien mientras cazaba y obtenía carne de venado para su padre, Jacob le robó su bendición, disfrazado con la ropa de su hermano, cómo, a pesar de todo, fueron mantenidos por el amor de su trabajo, hasta que por fin la amarga lucha del maestro de la humanidad termine, hasta que se le ofrezca el laurel inmortal, y llegue la hora en que se pueda decir:

Der schwere Panzer wird zum Fluegelkleide Kurz ist der Schmerz, unendlich ist die Freude.

La pesada armadura se transforma en un vestido alado, breve es el dolor e infinita es la alegría.

Ningún libro se debe meter a presión en un estante

Sobre los libros
y cómo conservarlos

W.E. GLADSTONE

Lector entusiasta, coleccionista de libros y primer ministro, William Ewart Gladstone (1809-1898) estaba tan abocado a la importancia de las estanterías y bibliotecas que escribió un cuaderno innovador sobre ellas en 1890. Hoy en día es muy difícil de conseguir. Anne Fadiman relata su sorpresa al encontrar una copia en una librería de su libro sobre libros Ex Libris. "Si desea comprender el carácter de WE Gladstone y la Inglaterra victoriana", escribe, "todo lo que necesita saber está contenido en su obra 'Sobre los libros y cómo conservarlos'". Se dice que Gladstone siempre llevaba consigo un libro donde quiera que fuera y, según sus propias estimaciones, leyó más de 20.000 obras, a las que sumó su propia marginalia a cerca de la mitad de estos volúmenes. "En una habitación bien provista de ellos [libros]", escribe en el ensayo a continuación, "nadie se ha sentido o puede sentirse solitario".

Gladstone comenzó a coleccionar libros durante su época escolar en Eton, siguió haciéndolo como estudiante en Oxford y durante toda su vida disfrutó visitando librerías. Hacia 1889, ya había acumulado tal colección que decidió fundar su biblioteca homónima en Hawarden, Gales, la única biblioteca de un primer ministro de Gran Bretaña y que ahora también es un hotel. Gladstone la dotó con 40 mil libras esterlinas y más de 30 mil de sus propios libros, muchos de los cuales transportó personalmente desde su casa hasta la biblioteca en carretilla. "¿Qué hombre", escribió, "que realmente ama a sus libros delega a cualquier otro ser humano, siempre que haya aliento en su cuerpo, la función de introducirlos en sus hogares?" Hoy, tiene más de 200 mil obras que abarcan todo tipo de temas, incluyendo gran parte de la correspondencia de Gladstone.

Strauss declaró en la vejez de su intelecto (que en ese momento parecía tener un poco de decrepitud) que la doctrina de la inmortalidad había perdido recientemente un argumento aceptable en tanto se descubrió que las estrellas están habitadas. ¿Dónde se podría encontrar espacio para tal multitud de almas?, se preguntó. En vista de las estimaciones actuales de la población potencial de esta Tierra, algunas personas han empezado a alarmarse por la probable situación de Inglaterra (si no de Gran Bretaña) cuando reciba (digamos) los setenta millones que se proyectan versus los seis u ochocientos millones proyectados para Estados Unidos. Hemos escuchado en algunos sistemas de la presión de la población sobre los alimentos; pero la idea de cualquier presión sobre el espacio es aún poco familiar. Aun así, supongo que muchos lectores deben haber quedado impresionados con la ingenua simplicidad de la hipérbole de San Juan, tal vez una unidad solitaria de este tipo en el Nuevo Testamento: "Y hay también muchas otras cosas que Jesús hizo, que, si se escribieran en detalle, pienso que ni aun el mundo mismo podría contener los libros que se escribirían".

Un libro, incluso Audubon (creo que es el más conocido), es más pequeño que un hombre; pero, en relación con el espacio, considero una aprehensión más cercana de la presión sobre el espacio disponible por parte de la población de libros que por la cantidad de humanos. Deberíamos recordar, con una concepción más efectiva de la que comúnmente logramos, que un libro consiste, como un hombre, de quien extrae su linaje, de un cuerpo y un alma. No siempre son proporcionales entre ellos. No, incluso los diferentes miembros del cuerpo del libro no proclaman, sino que confrontan, cuando las encuadernaciones de una suntuosidad profusa se imponen, como sucede con demasiada frecuencia en el caso de las biblias y los libros de devoción, en texto impreso que es el trabajo de un respetable oficial y nada más. Los hombres del Renacimiento tenían un verdadero sentido de adaptación; la era de las encuadernaciones enjoyadas también fue la era de la iluminación y de la hermosa miniatura, que en una época anterior era sinónimo de arte marginal, y luego, a causa de los pequeños retratos incluidos en él, gradualmente se deslizaron hacia el sentido moderno de la miniatura. Hay una cautela que debemos llevar con nosotros cada vez más a medida que nos acercamos al próximo período de comercio de libros abiertos, y de una demanda prácticamente ilimitada. Las obras nobles no deberían imprimirse en formas mezquinas y sin valor, y lo barato debería estar limitado por un sentido instintivo y una ley de aptitud. La encuadernación de un libro es la vestidura con la que sale al mundo. El papel, la fuente y la tinta son el cuerpo, en el cual está domiciliada su alma. Y estos tres, alma, cuerpo y traje, son una tríada que debe ajustarse entre sí por las leyes de la armonía y el buen sentido.

Ya el aumento de libros está pasando a ser progresión geométrica. Y esto no deja de ser notable cuando tenemos en cuenta que en Gran Bretaña, de la que yo hablo, si bien hay una gran oferta de obras baratas, denominadas un problema de "nuevas publicaciones" de la prensa, en su mayor parte, a precios fabulosamente altos, de manera que la clase de compradores reales se ha esfumado, dejando como compradores solo a unas pocas personas que casi se podrían contar con los dedos, mientras que la circulación efectiva depende de intermediarios a través del motor de bibliotecas circulantes. Estos no son tanto propietarios, sino que distribuidores de libros, y mitigan la dificultad de cariño al subdividir el costo y luego vender esas copias de segunda mano, pero en buenas condiciones, a un enorme descuento. Estas condiciones, que se deben, en mi opinión, principalmente a la forma actual de la ley de derechos de autor, pudieron haber incentivado el paso al comentario satírico (y a veces falso) de que en tiempos de angustia o presión los hombres destinan sus primeras economías a sus obras de caridad, y, la segunda, a sus libros.

Las llegadas anuales a la Biblioteca Bodleian son, creo, unas 20 mil; en el Museo Británico, 40 mil, que incluyen todo tipo de hojas. Suponiendo que tres cuartos de estos son volúmenes, de un tamaño u otro, y requieren en promedio un par de centímetros de espacio en los estantes, el resultado será que cada dos años se requerirá casi 1,6 kilómetros de estanterías nuevas para satisfacer las necesidades de una sola biblioteca. Pero, cualquiera que sea la tasa de crecimiento actual, es pequeña en comparación a lo que podría convertirse. La clave de la pregunta está en manos del Reino Unido y los Estados Unidos. Sobre estas dos potencias yace una gran responsabilidad. Estos países, con su amplia gama de territorio habitado, y su unidad de lengua, son dueños del mundo, que tendrán que hacer lo que hacen. Cuando Gran Bretaña y Estados Unidos se fusionan en un mercado de libros; cuando se reconoce que las cartas, que en cuanto a su material y su objetivo son una profesión muy elevada, en cuanto a su mera remuneración, son un oficio; cuando los grilletes artificiales se relajan, y los impresores, editores y autores obtienen la recompensa que un comercio bien regulado les proporcionaría, luego deben tener cuidado con los pisos para que no se rompan y las paredes para que no se abulten y exploten, por el peso de los libros que tendrán que soportar y confinar.

Es claro, por un lado, que, en virtud del nuevo estado de cosas, la especialización, en el futuro, debe abundar cada vez más. Pero la especialización implica la subdivisión del trabajo; y con la subdivisión, el trabajo debería realizarse de manera más completa y exacta. Inclinemos nuestras cabezas a lo inevitable; el día del aprendizaje enciclopédico ya ha pasado. Quizás se pueda decir que ese sol se puso con Leibnitz. Sin embargo, como un poco de aprendizaje solo es peligroso cuando olvida que es poco, la especialización solo es peligrosa cuando olvida que es especial.

Cuando invade a sus conocedores, cuando reclama una certeza u honor excepcional, es impertinente, y debe ser reprendida; pero tiene su propio honor en su propia provincia, y es, en cualquier caso, preferible al sciolismo pretencioso y ostentoso.

Tenemos ante nosotros una perspectiva vasta, incluso desconcertante, para bien o para mal; pero para bien, a menos que sea nuestra culpa, mucho más que para mal. Los libros no requieren mi elogio; ninguno me lo podría permitir, cuando ya sacan sus testimonios de Cicerón y Macaulay. Pero los libros son las voces de los muertos. Son un instrumento principal de comunión con la vasta procesión humana del otro mundo. Son los aliados del pensamiento del hombre. Ellos en cierto sentido están enemistados con el mundo. Su trabajo está, al menos, en los dos compartimentos superiores de nuestra vida triple. En una habitación bien llena de ellos, nadie se ha sentido o puede sentirse solitario. Insuperables, como amigos del individuo, están, ante todo, entre los lazos y remaches de la raza, a partir del momento en que se escribieron por primera vez en las de Babilonia y Asiria, las rocas de Asia Menor, y los monumentos de Egipto, hasta las ediciones de diamantes de Mr. Pickering y Mr. Frowde.

En verdad, es difícil asignar dimensiones para las bibliotecas del futuro. Y también es un poco conmovedor mirar hacia atrás a las del pasado. Como la historia de los cuerpos no puede, a la larga, separarse de la historia de las almas, no me disculpo por decir algunas palabras sobre las bibliotecas que alguna vez existieron, pero que han perecido.

Se acerca el momento en que podremos estimar la cantidad de conocimiento literario almacenado en los depósitos de esos imperios que llamamos prehistóricos. Por el momento, no hay una estimación clara, incluso de las grandes bibliotecas alejandrinas, dentro del círculo de conocimiento popular; pero parece bastante claro que los libros que contenían fueron calculados, al menos en conjunto, en cientos de miles. La forma del libro, sin embargo, ha pasado por muchas variaciones; y nosotros los modernos tenemos una gran ventaja en la forma que el exterior ha tomado ahora.

Nos habla simbólicamente por el título en su parte posterior, como el rollo de pergamino apenas lo hace. Está establecido que en la época romana la institución nefasta de la esclavitud se ocupó de un sistema bajo el cual los libros se multiplicaban en una habitación, en la que una sola persona leía en voz alta a una audiencia el volumen a ser reproducido para así producir libros relativamente baratos. Si no hubiera sido así, difícilmente habrían existido, como los representa Horacio, entre los despojos habituales del tendero. Es triste, y sugiere muchas interrogantes, que a esta abundancia le siguiera, al menos en Occidente, una hambruna de más de mil años. Y es difícil, incluso después de todas las concesiones, concebir que de todos los manuscritos de Homero que Italia debe haber ostentado, no sabemos si algún individuo leyó, aunque fuera un solo pergamino o papiro, incluso en un convento, o algún genio como Dante o Tomás de Aquino, el primero de ellos incuestionablemente maestro de todo el conocimiento que estaba dentro del alcance de su época.

Sin embargo, había bibliotecas incluso en Occidente, establecidas por Carlomagno y otros personajes después de él. Se nos ha dicho que Alcuin, en un escrito dirigido al gran monarca, habló con nostalgia de la relativa riqueza de Inglaterra en estas preciosas fincas. El señor Edwards, a quien ya he citado, se refiere a Carlos V de Francia, en 1365, como un coleccionista de manuscritos. Pero unos diez años antes, el director de la Bibliotheque Nationale me informó que el rey francés Juan recolectó 1.200 manuscritos, en ese momento una enorme biblioteca, de los cuales varios se encontraban entre los tesoros bajo su cuidado. En el siglo XVI, María de Médici habría acumulado, quizás con mucho menos esfuerzo, alrededor de 5.800 volúmenes. Antes de eso, Oxford había recibido regalos nobles para su biblioteca de la universidad. Cabe recordar con vergüenza e indignación que esa institución fue saqueada y destruida por los comisionados del joven rey Eduardo VI en nombre de la reforma de la religión. Ocurrió que esa oportunidad se le dejó a un particular, el dadivoso señor Thomas Bodley, quien debía darle nombre a una de las bibliotecas más famosas del mundo. Resulta interesante descubrir que los organismos municipales tienen participación en el honor otorgado a monasterios y soberanos en la recolección de libros; como el Consejo Común de Aix que compró libros para una biblioteca pública en 1419.

El malvado Luis XIV tuvo al menos la buena acción de aumentar a 70 mil los volúmenes de la Biblioteca Real de París, fundada dos siglos antes. En 1791 contaba con 150 mil volúmenes. Aprovechó en gran medida los efectos de la Revolución. El Museo Británico solo había alcanzado los 115 mil volúmenes cuando Panizzi se convirtió en guardián en 1837. Diecinueve años después lo dejó con 560 mil volúmenes, una cifra que ahora se debe haber duplicado con creces. Gracias a su noble diseño para ocupar el cuadrilátero central, un desierto de grava hasta ese entonces, produjo espacio adicional para 1.200.000 volúmenes. Todo este espacio aparentemente enorme orientado al desarrollo está siendo carcomido con temible rapidez; y tal es la codicia de la espléndida biblioteca que abre sus fauces como Hades, y amenaza con expulsar las antigüedades del edificio, y apropiarse de los lugares que adornan.

Pero el oficio adecuado de una retrospectiva apresurada en un documento como este es solo ampliar gradualmente, como la pupila de un ojo, la contemplación del lector y la estimación del tiempo venidero, y prepararlo para algunas sugerencias prácticas de un sujeto muy humilde. Así que retomo el hilo de mi breve discurso. Las bibliotecas nacionales recurren a un tesoro que no tiene fondo. Sin embargo, no todas las bibliotecas públicas son nacionales. E incluso el caso de las bibliotecas privadas se está volviendo, mejor dicho, se ha vuelto, muy serio para todos los que están poseídos por el espíritu inexorable de la colección, pero cuyo ardor está perplejo y calificado, o incluso desconcertado, por las consideraciones que surgen del balance general.

Se supone que la compra de un libro finaliza, incluso para el cliente más escrupuloso, con el pago de la factura del vendedor de libros. Sin embargo, esta es una mera superstición popular. Dicho pago no es el último, sino el primer término de una serie de larga duración. Si deseamos otorgarle al bloque una vida igual a la de las páginas, la primera condición que se debe cumplir es que haya un vínculo. Al menos eso es lo que uno habría dicho hace medio siglo. Pero, aunque los libros son en la mayoría de los casos más baratos, la encuadernación, por causas que no entiendo, es más apreciada, al menos en Inglaterra, de lo que era en mis primeros años, por lo que pocos pueden costearlo. Sin embargo, nos consuela el recurso tolerable y muy útil de la encuadernación de tela (me temo que ahora está en peligro de perder su modestia a causa de su ornamentación enardecida). Bueno... encuadernado o no, el libro necesariamente debe colocarse en una estantería. Y la estantería debe estar encajada. Y la casa debe estar conservada. Y la biblioteca debe estar desempolvada, arreglada y ordenada por catálogos. ¡Qué tamaño esfuerzo, mas no un trabajo infeliz! A no ser que las cosas sean como están ahora en al menos una mansión principesca de este país, donde los libros, en miles y miles, se mezclan sin más arreglo que un saco de carbones; donde ni siquiera se ha respetado la hermandad de volúmenes consecutivos; donde indudablemente un lector interesado puede, a merced de Fortune, sacar algo de los estantes que sea un libro; pero donde no se puede encontrar ningún libro en particular, excepto por el más puro accidente.

Siendo esa la perspectiva, ¿qué debemos hacer con nuestros libros? ¿Seremos enterrados debajo de ellos como Tarpeya bajo los escudos de Sabina? ¿Debemos renunciar a ellos (muchos lo harán, o peor, conservarán la parte más inútil de ellos) en nuestro resentimiento contra sus demandas cada vez más exigentes? ¿Los vendemos y los dispersamos? ya que es doloroso ver con qué frecuencia los libros de hombres eminentes son despiadadamente, o al menos infelizmente, dispersados en su fallecimiento. Sin responder en detalle, supondré que el comprador de libros es un amante de estos, que su amor es tenaz, no transitorio, y que para él la interrogante está en cómo conservarlos.

Paso por alto las condiciones que son más obvias, que el edificio debe encontrarse en buen estado y seco, el apartamento bien ventilado y con abundante luz. Y dispongo con un anatema pasajero de todos los que se esforzarían por resolver su problema, o en cualquier caso comprometer sus dificultades, colocando una fila de libros frente a otra. También admito libremente que lo que tenemos ante nosotros no es una elección entre dificultad y no dificultad, sino una elección entre dificultades.

Los objetos que se contemplarán en el otorgamiento de nuestros libros, hasta donde recuerdo, son tres: economía, buena disposición y accesibilidad con el menor gasto de tiempo posible.

En una biblioteca privada, donde comúnmente el servicio de libros lo efectúa la persona que desea usarlos, deben clasificarse y distribuirse según la temática.

El caso puede ser completamente diferente cuando un asistente tiene que encargarse de ellos. Es una ventaja inmensa usar la vista en ayuda de la mente; ver dentro de una brújula limitada todas las obras disponibles, en una biblioteca determinada, sobre un tema determinado; y tener el poder de tratarles colectivamente en un lugar determinado, en vez de cazarlos mediante una acumulación completa. Sin embargo, debe admitirse que la distribución por temas debería estar controlada en cierto grado por tamaño. Si todo lo que hay sobre un tema determinado se unirá en el plano local, habrá un inmenso desperdicio de espacio en el intento de acomodar objetos de tamaños tan diferentes en una misma estantería. Y esta pérdida de espacio nos paralizará de la manera más grave, como se verá con respecto a las condiciones de economía y de accesibilidad. En realidad, las tres condiciones están conectadas entre sí, pero especialmente las dos últimas que se nombraron.

Incluso en un artículo como este, la cuestión de la clasificación no puede pasarse por alto; pero es más fácil de abrir que de cerrar, uno sobre el cual no soy lo suficientemente valiente como para esperar la uniformidad de opinión y práctica. Aparté, por un lado, el caso de las grandes bibliotecas públicas, que dejo a los expertos de esos establecimientos. Y, en el otro extremo de la escala, en pequeñas bibliotecas privadas el asunto se vuelve fácil o incluso insignificante. En las bibliotecas de escala media, no demasiado grandes para una cierta cantidad de encuestas personales, algunas multiplicarían la subdivisión y otras la restringirían. Un amigo perspicaz me pregunta en qué y cuántos temas de encabezados generales se deben clasificar en una biblioteca destinada a uso práctico y lectura, y responde audazmente sugiriendo solo cinco clases: (1) ciencia, (2) especulación, (3) arte, (4) historia y

(5) literatura variada y periódica. Pero esta división aparentemente simple a la vez plantea cuestiones tanto de dificultad práctica como teórica. En cuanto a esa última, la literatura periódica está alcanzando rápidamente tal magnitud, que puede requerir una clasificación propia, y que la enumeración que indexa la oferta, por útil que sea, no será suficiente. Y me temo que es el destino de las publicaciones periódicas como tales llevar consigo una gran proporción de lo que, en la fraseología de los ferrocarriles, se llamaría peso muerto, en comparación con el peso vivo. Los límites de la especulación serían más difíciles de trazar. Las diversidades incluidas en la ciencia serían tan vastas como para hacer de la subclasificación una necesidad. Las "ologías" de ninguna manera son adecuadas para frotar los hombros; y las ciencias deben incluir artes, que no son más que primos campestres para ellas, o se debe establecer un nuevo compartimento para su alojamiento. Una vez más, ¿cómo hacer frente a la eterna dificultad de las "obras"? ¿En qué categoría colocar a Dante, Petrarca, Swedenborg, Burke, Coleridge, Carlyle o cien más? ¿Dónde, nuevamente, se ubica la poesía? Aprendo que debe ocupar su lugar, el primer lugar sin duda, en el arte; porque mientras está separada de la pintura y sus otras "hermanas armoniosas nacidas en la esfera" por su mayor dependencia de las formas materiales, todas están más íntima y profundamente unidas en su primer principio envolvente, que es organizar lo bello para su presentación a las percepciones del hombre.

Pero detrás de toda crítica particular de este o aquel método de clasificación se encontrará una cuestión más sutil: si la disposición de una biblioteca no debería corresponderse en algún grado con la mente del hombre que la forma y representarla. Por mi parte, me declaro culpable, dentro de ciertos límites, de favoritismo en la clasificación. Soy consciente de que la simpatía y su revés tienen algo que ver con determinar qué compañía tendrá un libro. Y, además, ¿no entra en el asunto un principio de humanidad para los propios autores? ¿No deberíamos ubicarlos, en la medida de lo posible, en el vecindario de su gusto? Su virilidad viviente está impresa en sus obras. Toda realidad, toda tendencia, perdura. *Eadem sequitur tellure sepultos*[4].

Me temo que la disposición, para ser correcta, debe ser problemática. Los temas están atravesados por conjuntos promiscuos de "obras", ambos por tamaños; y todo por idiomas. En general, concluyo lo siguiente. La perfección mecánica de una biblioteca requiere un catálogo alfabético del todo. Pero a la sombra de este catálogo, que haya tantos enteros vivos como sea posible, porque cada subdivisión bien elegida es un entero vivo y eso hace que la biblioteca sea cada vez más un organismo. Entre otros, abogo por hombres individuales como centros de subdivisión: no solo para Homero, Dante, Shakespeare, sino también para Johnson, Scott y Burns, y lo que sea que represente una humanidad grande y múltiple. La cuestión de la economía, para aquellos que, por necesidad o por elección, la consideran, es muy seria. También ha sido una forma de crear estanterías muy ornamentales. Ahora los libros no quieren ningún ornamento. Ellos mismos son el ornamento. Del mismo modo que las tiendas no necesitan adornos, y nadie pensará en los adornos estructurales ni los cuidará, si los productos se colocan con buen gusto en el escaparate. El hombre que busca la sociedad en sus libros percibirá fácilmente que, en proporción a que la cara de su estantería está ocupada por adornos, pierde esa sociedad; y, a la inversa, cuanto más se aproxime esa cara a una hoja de libros, más disfrutará de esa sociedad. Y así es que tres grandes ventajas van de la mano y, como se verá, alcanzan su máximo conjunto: la sociabilidad de los libros, el costo mínimo para proporcionarlos y la facilidad de acceso a ellos.

Para lograr estas ventajas, dos condiciones son fundamentales. Primero, las repisas deben, por regla general, arreglarse; en segundo lugar, las estanterías, o una gran parte de ellas, deben tener su lado contra la pared y, por ende, proyectándose en la habitación a una distancia conveniente, deben tener el doble de profundidad

---

[4] "Lo mismo sigue a su entierro en la tierra".

necesaria para una sola línea de libros, y deben contener dos líneas, una hacia cada lado. Treinta centímetros es una profundidad justa y liberal para dos hileras de octavos. Los libros son, por lo tanto, arrojados a los compartimentos, dispuestos como en un establo o una cafetería antigua; no como un puesto de libros que, a medida que pasa el tiempo, ya no es un compartimento, sino simplemente un espacio plano creado al poner algunos restos de tablas juntos y cubrirlos con libros.

Este método de dividir el espacio longitudinal por proyecciones en ángulo recto, aunque no se usa con mucha frecuencia, se conoce desde hace mucho tiempo. Un gran ejemplo de ello se encuentra en la noble biblioteca del Trinity College, Cambridge, y es obra de Sir Christopher Wren. Él ha mantenido estas estanterías a una altura muy moderada, ya que sin duda tuvo en cuenta que las grandes alturas requieren escaleras largas, y que la búsqueda y el uso de estas aumentan enormemente el tiempo que se tarda en obtener o reemplazar un libro. Por otro lado, los espacios superiores de las paredes se sacrifican, mientras que, en Dublín, All Souls y muchas otras bibliotecas las estanterías ascienden muy alto, y de esta manera se pueden construir magníficos apartamentos amurallados con libros. Se puede acceder a las partes superiores a través de galerías; pero no podemos tener escaleras por toda la habitación, e incluso con una galería de libros, una habitación no debe tener más de 1,8 a 5,5 metros de altura si vamos a actuar según el principio de ofrecer la mayor cantidad posible de volúmenes al menor espacio posible. Me temo que debe admitirse que no podemos tener un espectáculo noble e imponente, en un departamento amplio, sin sacrificar la economía y la accesibilidad; y viceversa.

Cada una de las proyecciones debería tener unida a ellas lo que groseramente llamo una pieza final (a falta de un nombre mejor), es decir, una estantería adherente poco profunda y extremadamente ligera (ligera debido a la baja estatura de las repisas), lo cual incrementa el acomodo y crea un lado corto, así como los dos largos del paralelepípedo para presentar simplemente una pared de libros con las líneas de repisas, como hilos, corriendo entre las filas.

Los espacios en la pared entre las proyecciones también deben girarse para tener en cuenta las estanterías poco profundas, siempre que no estén ocupadas por ventanas. Si el ancho del intervalo es de 7,9 metros, se pueden dejar aproximadamente cinco metros de este a estanterías poco profundas colocadas contra la pared.

En mi opinión, la economía del espacio se logra mejor con repisas fijas. Trataré ahora de hacerle justicia a esta máxima. Si las repisas son móviles, cada una impone un peso muerto en la estructura de la estantería, sin hacer nada para sostenerle. Por lo tanto, debe construirse con madera de una masa considerable, y cuanto más considerable sea la masa de la madera, mayor será el espacio ocupado y el ornamento necesario. Cuando se fija la repisa, esta funciona como un cierre para mantener juntas las partes de la estantería; y una experiencia muy larga me permite decir que las repisas de 1,3 a 1,9 centímetros trabajadas rápidamente en soportes de 1,9 a 2,5 centímetros serán suficientes para libros de todos los tamaños, excepto folios grandes y pesados, que probablemente requieran una pequeña y solo pequeña adición de espesor.

Por lo general, he recomendado que se arreglen la repisas, y he dado las razones respectivas para la adopción de dicha regla. No sé si ello recibirá alguna sanción de las autoridades. Y hago dos admisiones. Primero, requiere que cada persona que posea y organice una biblioteca tenga un conocimiento general bastante preciso de los tamaños de sus libros. En segundo lugar, puede que sea conveniente introducir aquí y allá, a modo de excepción, una sola repisa móvil; y creo que esto proporcionará un margen suficiente para satisfacer imperfecciones ocasionales en el cálculo de tamaños. Sujeto a estas observaciones, tengo considerable confianza en la recomendación que he hecho.

Ahora expondré a mi lector el efecto práctico de tal disposición, al acercar fácilmente un gran número de libros. Deje que cada proyección sea de 91 centímetros de largo, de 30 centímetros de profundidad (suficiente para dos caras de octavos) y dos metros de alto, de modo que la repisa superior se pueda alcanzar con la ayuda de un taburete de madera de dos escalones de no más de 50 centímetros de alto, y que se pueda cargar con el menor esfuerzo posible con una sola mano. Supongo que el espacio disponible en la pared es de 2,4 metros, y las proyecciones, tres en número, con piezas finales solo necesitan sobresalir un metro, mientras que tiras estrechas de repisa correrán por la pared entre las proyecciones. Bajo estas condiciones, las estanterías así descritas ostentarán más de dos mil volúmenes de octavos. Y una biblioteca de doce metros de largo y seis metros de ancho, ampliamente iluminada, con una parte del centro ajustada con estanterías muy bajas idóneas para quienes utilicen las mesas, tendrán en la parte baja de 18 mil a 20 mil libros de todos los tamaños, sin perder la apariencia de una habitación o de un almacén, y a la vez dejarán espacios libres cerca de las ventanas para propósitos de estudio. Si se agrega una galería, habrá espacio para cinco mil volúmenes más, y la habitación no necesita tener más de 1,8 metros de altura. Sin embargo, una galería no es adecuada para obras que superen el tamaño de un octavo debido a inconvenientes en el transporte de ida y vuelta. Se ha admitido que, para asegurar el propósito vital de la compresión con repisas fijas, la regla de disposición según los temas debe transitar parcialmente por división en tamaños. Pero en virtud del grueso de la biblioteca, esta división no necesita ser más que tripartita. La parte principal sería para los octavos. Esto se está convirtiendo cada vez más en el tamaño clásico o normal; así que hoy en día la edición de octavos se denomina profesionalmente la edición de la biblioteca. Entonces debería haber estanterías más grandes para libros tamaño folio y libros de tamaño cuartilla, y estanterías más pequeñas para libros más pequeños que un octavo, cada uno apropiadamente dividido en repisas.

Si la economía del tiempo por compresión es excelente, también lo será la economía del costo.

Creo que es razonable tomar el cargo de provisión de libros en la casa de un caballero, y de la manera ordinaria, a un chelín por volumen. Esto puede variar de cualquier manera, pero representa moderadamente, según mi experiencia en residencias de Londres, el cargo de equipado con estanterías, que, si es que tiene un tamaño considerable, a menudo no es adecuado para su eliminación. El costo del método que he adoptado más adelante en la vida, y que me he comprometido a explicar, no necesita exceder el centavo por volumen. Cada biblioteca cuando está llena representa, a menos que se den casos excepcionales, casi una masa sólida. Los intervalos son tan pequeños que, por regla general, admiten una porción muy pequeña de polvo. Si están a una distancia tolerable de la chimenea, si se evitan las alfombras, excepto en el caso de pequeñas alfombras que se puedan quitar fácilmente para su limpieza, y si se barre con cuidado, el polvo puede, en cualquier caso, en el país, juntarse en una cantidad insignificante.

Además de otras ventajas, es de gran importancia evitar los problemas interminables y los abortos involuntarios de repisas móviles; la flacidez y la tensión, los brazos cansados, los dedos doloridos y las uñas rotas. Pero será justo preguntar lo que se debe hacer cuando las repisas estén fijas, con volúmenes demasiado grandes para caber en ellas. Yo admito que el dilema, cuando se presenta, es formidable. También reconozco que ningún libro se debe meter a presión en un estante, pues se debe poder sacar y dejar en su lugar con facilidad. Reitero que el plan que he recomendado requiere un conocimiento bastante exacto en la medición de los tamaños de los libros y las proporciones en las que varios de estos requerirán acomodo. El espacio entre las repisas debe calcularse de antemano, con mucho cuidado y dedicación. Sin embargo, puedo decir por experiencia propia que con un cuidado y uso moderados se puede lograr este conocimiento, y que las dificultades resultantes, cuando se miden frente al conjunto de conveniencia, son realmente insignificantes.

Cabe señalar que mis comentarios refieren a detalles minuciosos y que gozan más del trabajo serio en la disposición de libros que de la evaluación y la dirección señoriales. Pero, ¿qué hombre que realmente ama sus libros delega a cualquier otro ser humano, siempre que haya aliento en su cuerpo, la función de introducirlos en sus hogares?

Y ahora hablemos de los resultados. Vale decir que de esta manera se pueden acomodar diez mil volúmenes dentro de una habitación de tamaño normal, todos visibles y alcanzables, sin destruir el diseño de esa habitación. Pero, en virtud de una situación con la que estoy familiarizado, seré incluso algo más detallista. A modo de ejemplo, una habitación de doce metros de largo y seis metros de ancho, completamente iluminada por cuatro ventanas a cada lado; a la altura que se desee, pero con solo unos 2,7 metros de altura para las estanterías de libros: en la medida en que todas las escaleras pesadas, todos los adminículos que requieren más de una mano para transportarlos con cuidado, son desestimados. Y no hay galería.

De la manera en que he hecho la descripción, se pueden disponer en la parte baja de dicha habitación, sin convertirla en un almacén, estanterías capaces de acoger alrededor de 20 mil volúmenes.

Sin embargo, el estado de la situación, considerada en su conjunto, y especialmente con referencia a bibliotecas que acogen más de 20 mil o 30 mil volúmenes y cuyos libros van en rápido aumento, se ha concluido que, en casos extremos, tales como los del Museo Británico y el Bodleian (en su sitio limitado), se requiere un cambio más revolucionario en su alejamiento de los métodos antiguos, de lo que se ha descrito aquí.

La mejor descripción que puedo dar de su objetivo esencial hasta ahora, según he visto en los procesos (que fueron tentativos e iniciales), es esta. Las masas representadas por estanterías llenas se colocan una frente a otra; y, para poder acceder a estas cuando se requiera, se establecen tranvías insertados en el piso (que debe ser sólido), y que se muevan con ruedas y según lo requiera la ocasión.

Se ha abandonado la idea de la sociedad de libros en una situación de este tipo. Pero incluso en esto hay algo que decir. Ni todos los hombres ni todos los libros son sociables de la misma manera. Por mi parte, encuentro poca sociabilidad en un enorme muro de *Informes parlamentarios*, o (aunque una gran mejora) en la revista *Gentleman's Magazine*, en los *Registros anuales*, en *Edimburgo* y en las *Revisiones trimestrales*, o en la amplia gama de volúmenes que representan innumerables folletos. Sin embargo, cada uno de estos y otros artículos similares nos presentan lo admisible, lo valioso o lo indispensable. Claramente, estas masas, y otras similares, deben seleccionarse primero para lo que no tengo escrúpulo de llamar entierro. Es un entierro; uno, sin embargo, al cual el proceso de cremación nunca se aplicará el propósito establecido. La palabra que he usado es terrible, pero la situación también lo es. Tener a nuestros queridos viejos amigos almacenados en catacumbas, o como si fueran botellas de vino en contenedores; el símil seguramente es legal hasta que el uso de ese producto fuera prohibido por el creciente movimiento de la época. Pero como sea que podamos embellecer la situación mediante una ilustración animada, o a través del recuerdo de que la provisión es solo requerida por nuestro exceso de riqueza, difícilmente se puede contemplar sin un estremecimiento en un proceso tan repulsivo aplicado al bien más amado entre los objetos inanimados.

Se puede pensar que la perspectiva sombría que estoy manifestando ahora existe solo para las grandes bibliotecas públicas. No obstante, las bibliotecas públicas se multiplican rápidamente, y las bibliotecas privadas aspiran a tener las mismas dimensiones que estas. Cabe esperar que durante mucho tiempo no surjan graves dificultades con respecto a las bibliotecas privadas, destinadas al uso ordinario de esa gran mayoría de lectores que leen solo para recrearse o para mejorar en general. Pero cuando se ven el estudio, la investigación, la autoría, cuando se debe presentar la historia del pensamiento y la investigación en cada una de sus ramas, o en un número considerable de ellas, las necesidades de la situación se amplían enormemente. El ajedrez es un ejemplo de especialidad, y una estrecha. Pero recuerdo una declaración de la *Revisión trimestral* de hace años, de que se podría conformar una biblioteca de 1.200 volúmenes sobre ajedrez. Creo que mi amigo fallecido, el señor Alfred Denison, recopiló entre dos mil y tres mil volúmenes. De los ingleses vivos, tal vez Lord Acton es el lector más efectivo y retentivo; y para sus propios fines ha reunido una biblioteca de no menos, creo, de cien mil volúmenes.

Indudablemente, la idea de los cementerios de libros como he supuesto es muy formidable. Debe mantenerse dentro de los límites de la extrema necesidad que lo ha evocado del inframundo a las guaridas de los hombres vivos. Pero tendrá que ser enfrentado, y quizás más de lo que se podría suponer. Y el artista necesario para las construcciones que requiere no será tanto un bibliotecario como un almacenista.

Pero si hemos de tener cementerios, deberían recibir tantos "cuerpos" como sea posible. Los condenados vivirán ordinariamente en la oscuridad total, para que cuando se requiera, puedan ser llamados a la luz. Al preguntarme cómo se puede hacer esto de manera más efectiva, he llegado a la conclusión que casi dos tercios, o digamos tres quintos, del contenido cúbico completo de un apartamento construido adecuadamente puede conformarse una masa de libros casi sólida: una vasta economía que, en la medida en que se aplica, probablemente cuadruplicará o quintuplicará la eficiencia de nuestros repositorios en cuanto a contenido, y evitar que la población de Gran Bretaña sea expulsada algunos siglos en las aguas circundantes por las dimensiones exorbitantes de sus propias bibliotecas.

Algunos libros han de degustarse, otros han de devorarse

Sobre los estudios

FRANCIS BACON

Francis Bacon (1561-1626) fue la definición misma de un hombre del Renacimiento: filósofo, diplomático, miembro del Parlamento (para varias circunscripciones), ocultista (con posibles vínculos rosacruces y de masonería), científico (desarrolló el método científico en su tratado "Novum Organum", 1620), escritor (incluso, algunos dirían, de las obras de Shakespeare) y abogado. También estaba interesado en las bibliotecas y creó un sistema de clasificación que emplea tres categorías, filosofía, historia y poesía, en la que cada una tenía subcategorías.

Bacon también es ampliamente considerado como el primer gran ensayista. Su obra El ensayo. Meditaciones religiosas. El lugar para la disuasión y la persuasión, de forma lineal *(1597) se centra en una amplia gama de temas, desde jardines hasta la audacia, así como en este breve artículo a continuación en el que sabiamente comenta que "La lectura completa al hombre" (y a la mujer, por supuesto).*

Su carrera fue más bien una montaña rusa: no fue uno de los favoritos de Isabel I, pero prosperó bajo su sucesor Jacobo I hasta que fue derribado por un escándalo de soborno que efectivamente acabó con su vida pública. En su biografía Brief Lives, *John Aubrey cuenta que Bacon murió después de desarrollar neumonía producto de un experimento que implicaba rellenar un pollo con hielo. Fue enterrado en la Iglesia de San Miguel en St Albans, Hertfordshire, cerca de su casa de Gorhambury.*

Los estudios sirven de deleite, de adorno y de capacidad. Como deleite se usan sobre todo en la vida privada; como adorno, en la conversación, y como capacidad, en el juicio y arreglo de los negocios. Porque los hombres experimentados pueden ejecutar y hasta juzgar de pormenores, uno por uno; pero los planes generales y las tramas y dirección de los asuntos resultan mejor cuando están a cargo de los doctos. Gastar demasiado tiempo en los estudios es pereza; usarlos demasiado para adorno es afectación; formarse un juicio totalmente según reglas, es condición de erudito. Ellos perfeccionan el carácter, y son perfeccionados por la experiencia: porque las facultades naturales son como las plantas, que necesitan podarse con el estudio; y los estudios mismos dan direcciones demasiado amplias, a menos que la experiencia las delimite. Los hombres astutos desprecian los estudios, los hombres simples los admiran, y los hombres sabios los usan, porque ellos no enseñan su propio uso, sino que esa es una sabiduría que está fuera de ellos y por encima de ellos, ganada por la observación. No leáis para contradecir y refutar; ni para creer y presuponer; ni para encontrar tema para conversar o discurrir; sino para pesar y examinar. Algunos libros han de degustarse, otros han de devorarse y unos pocos han de rumiarse y digerirse; esto es, de algunos libros han de leerse solo partes; otros se leerán, pero sin curiosidad y unos pocos hay que leerlos por completo y con diligencia y atención. Algunos libros también pueden leerse por intermedio de otros, y en resúmenes hechos por otros; pero eso podría hacerse solo con los asuntos menos importantes y con los libros de calidad inferior, porque si no, los libros destilados son como las aguas destiladas, o sea, insípidas. La lectura hace maduro a un hombre; la plática lo hace ágil, y el escribir lo hace exacto. Y por ello, si un hombre escribiere poco, tendría que tener una gran memoria; si conversare poco, tendría que tener rápida agudeza; y si leyere poco, tendría necesidad de tener mucha sagacidad, para aparentar lo contrario.

La historia hace prudentes a los hombres; la poesía, ingeniosos; las matemáticas, sutiles; la física, profundos; la moral, graves; la lógica y la retórica, capaces para discutir. *Abeunt studia in mores*[5]. Y más aún, no hay valla ni impedimento de la imaginación que no pueda corregirse mediante estudios adecuados; así como los males del cuerpo pueden tener sus ejercicios. El juego de bolos es bueno para los cálculos y riñones; la caza para los pulmones y el pecho; caminar es beneficioso para el estómago; la equitación para la cabeza; y demás. Así, si el entendimiento de un hombre divagare, que estudie matemáticas; porque en las demostraciones, por poquísimo que se distraiga su imaginación, debe comenzar otra vez. Si su entendimiento no fuere capaz de distinguir o hallar diferencias, que estudie a los Escolásticos; porque ellos son *Cymini sectores*[6]. Si no fuere capaz de darle vueltas a las cosas y de traer a colación una cosa para probar e ilustrar otra, que estudie los pleitos de los abogados. Así, para cada defecto de la mente puede haber una receta especial.

---

[5] "Los estudios influyen en las costumbres".
[6] "Que parten cabellos en cuatro".

Puede que no tengan tantas vidas como un gato,
pero ciertamente son duros de matar

Sobre la destrucción de libros

J.C. SQUIRE

Editor de revistas, poeta y periodista, Sir John Collings Squire es más popular hoy por ser la inspiración para una de las mejores piezas de cómic sobre el deporte que por su excelente trabajo editando el New Statesman y la revista literaria London Mercury. Squire (1884-1958) fue la figura descollante del movimiento de poetas georgianos de principios del siglo XX y fue el líder de un grupo literario de tipo Bloomsbury conocido como Squirearchy. Como "William Hodge", el capitán de un abigarrado equipo de críquet en la obra ligeramente satírica de AG Macdonell, England, Their England *(1933), desempeña un papel central en el famoso episodio del partido de críquet (y en un aspecto menos halagador aparece como "Jack Spire" en* Decadencia y caída *de Evelyn Waugh). El disperso quipo de críquet que Squire formó, The Invalids, que fue la inspiración para el equipo de Hodge, perdura hasta hoy.*

De hecho, Squire tenía muchos otros talentos a su haber. En 1922 adaptó Orgullo y prejuicio *para el teatro. La obra fue protagonizada por Ellen Terry y dos años después fue uno de los aportes distinguidos de la mini biblioteca real de la Casa de las Muñecas de la Reina María (le escribió un soneto acróstico especial). A él se le atribuye la frase "no tan borracho como estoy crees" y también el gusto por el queso stilton, que fue tan reconocido que algunos incluso sugirieron que se erigiera un monumento público a su creador.*

En la columna a continuación, Squire comienza considerando el valor de los libros donados a los soldados durante la Primera Guerra Mundial antes de pasar a experimentar problemas para deshacerse de los volúmenes indeseados. Fue una de sus piezas para su columna de humor habitual "Books in General" en el New Statesman, colección que publicó en 1919 bajo el seudónimo de Solomon Eagle, incluyendo ensayos como "Other People's Books" y "Moving a Library".

"Dice en el periódico" que los ciudadanos han donado más de dos millones de libros a las tropas. Sería interesante inspeccionarlos. La mayoría de ellos, sin duda, son bastante corrientes y adecuados; pero se dijo públicamente el otro día que algunas personas estaban enviando los ejemplares más extraños, como revistas de hace veinte años, guías del Distrito de los Lagos, Guías Bradshaw y números antiguos del Almanaque de Whitaker. En algunos casos, uno se imagina, tales indigeribles entran en las encomiendas por accidente; pero es probable que haya quienes aprovechen la oportunidad de deshacerse de los libros que no quieren. ¿Por qué los han guardado si ya no los quieren? Pero la mayoría de las personas, especialmente aquellas no aficionadas a la lectura, son muy reacias a tirar cualquier cosa que parezca un libro. En las casas más analfabetas, uno sabe que cada volumen inútil o efímero que se compra encuentra su camino hacia un estante y se queda allí. En realidad, no es meramente absurdo guardar basura solo porque está impresa: destruirla es un deber público. La destrucción no solo deja más espacio para nuevos libros y les ahorra a los herederos el problema de ordenar la basura o almacenarla: también puede evitar que en la posteridad sigan haciendo el ridículo. Podemos estar seguros de que, si no quemamos, hundimos o destruimos todas las ediciones reemplazadas de Bradshaw, dentro de doscientos años algún coleccionista se especializará en viejos horarios de ferrocarriles, reuniendo, a un costo inmenso, una serie completa y, en última instancia, dejando sus "tesoros" (como los llamará la prensa) a una institución pública.

Sin embargo, no siempre es fácil destruir libros. Puede que no tengan tantas vidas como un gato, pero ciertamente son duros de matar; y a veces es difícil encontrar un andamio para ellos. Esta dificultad una vez me llevó casi a suspenderme de una cuerda. Vivía en un piso pequeño (como diría Shakespeare) que besaba el cielo en Chelsea, y los libros de verso menor inferior se acumularon gradualmente allí hasta que por fin me enfrenté a la opción de desalojarlos o dejarlos en paz, sin ser molestados y hallar otra habitación para mí. Ahora bien, nadie habría comprado estos libros. Por lo tanto, tuve que tirarlos o borrarlos del mapa por completo. ¿Pero cómo? Había decenas de ellos. No tenía cocina, y no podía tostarlos en la cocina de gas ni quemarlos hoja por hoja en mi pequeña estufa, ya que es casi tan inútil tratar de quemar un libro sin abrirlo como tratar de quemar una pieza de granito. No tenía papelera; mis escombros cayeron en una especie de ducto detrás de la escalera, con pequeñas trampas que se abren a los descansos. La dificultad de ello fue que los libros más grandes podrían taparlo; las autoridades, de hecho, lo habían etiquetado como "Solo polvo y cenizas"; y, en cualquier caso, no quería dejar los libros intactos, ni que la desafortunada familia de un recolector de basura se formara la idea equivocada de que había poesía inglesa en ellos. Así que al final decidí hacerles lo que tanta gente les hace a los gatitos: atarlos y llevarlos al río. Improvisé un saco, metí los libros en él, lo puse sobre mi hombro y bajé las escaleras hacia la oscuridad. Era casi medianoche cuando salí a la calle. Había una brisa fría en el aire; el cielo estaba lleno de estrellas, y las lámparas de color amarillo verdoso arrojaban largos destellos por el camino tranquilo y pavimentado. Había pocas personas allí; debajo de los árboles en la esquina, un guardia le daba las buenas noches a su chica, y aquí y allá llamaban los pasos de viajeros solitarios que cruzaban el puente hacia Battersea. Me subí el cuello del abrigo, coloqué mi saco cómodamente sobre mis hombros y me dirigí hacia el pequeño resplandor cuadrado del puesto de café que marcaba el extremo cercano del puente, cuyas amplias vigas de hierro eran visibles frente al cielo oscuro que me acompañaba. Unas pocas puertas más abajo, me crucé con un policía que hacía parpadear su linterna sobre las cerraduras de las ventanas del sótano. Se volvió. Me pareció sospechoso, y temblé ligeramente. Luego, vino a mi mente la siguiente idea: "Quizás sospeche que tengo un botín en este saco". No me molestó seriamente, ya que sabía que podía soportar la investigación, y que nadie sería sospechoso de haber robado los bienes que llevaba (aunque eran todas las primeras ediciones). Sin embargo, no pude evitar la leve inquietud que afecta a todos los que son sospechosamente observados por la policía y a todos los que son atrapados en cualquier acto furtivo, aunque fuere inofensivo. Me absolvió, al parecer; y, a un paso que evité acelerar haciendo un gran esfuerzo, seguí caminando hasta llegar al terraplén.

Fue entonces cuando todas las implicaciones de mi acto se revelaron. Me apoyé sobre el parapeto y miré hacia los remolinos débilmente iluminados por el río. De repente oí unos pasos cerca de mí; casi automáticamente salté de la pared y comencé a caminar fervientemente con un aire de reflexión y despreocupación. El peatón se acercó a mí sin mirarme. Yo era un vagabundo, que tenía otras cosas en que pensar; y, llamándome a mí mismo un idiota, me detuve nuevamente. "Ahora es el momento", pensé; pero justo cuando me preparaba para lanzar mis libros sobre las aguas, escuché otro paso, lento y calculado. El siguiente pensamiento vino como un resplandor de un terrible rayo azul en mi cerebro: "¿Qué hay de la salpicadura?" Un hombre inclinado a medianoche sobre el muro del terraplén, un repentino movimiento de sus brazos, una gran salpicadura de agua. Seguramente, y no sin razón, quien estuviera ahí escuchando (y allí siempre parecía haber alguien cerca) inmediatamente se abalanzaría hacia mí y me agarraría. Con toda probabilidad pensaría que el bulto se trataba de un bebé. ¿De qué me serviría decirle a un agente de Londres que había salido al frío y había caminado solitariamente al río para deshacerme de libros de poesía? Ya casi puedo escuchar su tono burlón: "¡Dile eso a los marines, hijo!".

Entonces, porque no sé cuánto tiempo me desvié, estuve cada vez más temeroso de ser observado, reuniendo coraje para dar el paso y escabullirme en último momento. Por fin lo hice. En medio del puente de Chelsea se proyectan bahías circulares con asientos en ellas. En una agonía de decisión, dejé el terraplén y me apresuré directamente al primero de estos. Cuando lo alcancé me arrodillé en el asiento. Mirando, dudé otra vez. Pero había llegado al punto de inflexión. "¡Qué!" pensé salvajemente, "bajo la máscara resuelta que le muestras a tus amigos, ¿hay realmente un cobarde encogido y despreciable? Si fallas ahora, nunca podrás volver a levantar la cabeza. Después de todo, ¿qué si te ahorcan por esto? ¡Dios mío! Gusano, ¡mejores hombres que tú han ido a la horca!".

Con el coraje de la desesperación, tomé impulso. El saco cayó. Generó una gran salpicadura. Entonces el silencio volvió a surgir. Nadie apareció. Volví a casa; y mientras caminaba, pensé con un dejo de tristeza en todos esos libros que cayeron en ese viejo torrente, que se asentaban lentamente en la oscuridad, y que cedían por fin sobre el líquido del fondo, para caer en la desolación y el olvido mientras el mundo inconsciente de los hombres continuaba.

Esos libros horribles, pobres e inocentes, todavía yacen allí; cubiertos, tal vez, con barro, con solo un trapo perdido de su saco sobresaliendo del limo en las mareas marrones opacas. Odas a Diana, sonetos a Ethel, dramas sobre el amor de Lancelot, estrofas en un primer vistazo de Venecia, yacen allí en una muerte en vida, y su destino es quizás peor de lo que merecían. Fui duro con ustedes. Lo siento, lo fui. Pero incluso si los hubiera conservado, ciertamente diré esto: no debería haberlos enviado a los soldados.